Les Éditions du Boréal
4447, rue Saint-Denis
Montréal (Québec) H2J 2L2
www.editionsboreal.qc.ca

L'Arbre
Une vie

David Suzuki, Wayne Grady

L'Arbre
Une vie

traduit de l'anglais (Canada)
par Dominique Fortier

Préface d'Hubert Reeves

Illustrations de Robert Bateman

Boréal

Les Éditions du Boréal reconnaissent l'aide financière du gouvernement du Canada
par l'entremise du Programme d'aide au développement de l'industrie
de l'édition (PADIÉ) pour ses activités d'édition et remercient
le Conseil des Arts du Canada pour son soutien financier.

Les Éditions du Boréal sont inscrites au Programme d'aide aux entreprises du livre
et de l'édition spécialisée de la SODEC et bénéficient du Programme
de crédit d'impôt pour l'édition de livres du gouvernement du Québec.
Les Éditions du Boréal remercient le Conseil des Arts du Canada
ainsi que le ministère du Patrimoine canadien et la SODEC
pour leur soutien financier.

Diffusion au Canada : Dimedia

L'édition originale de cet ouvrage a été publiée en 2004 par Greystone Books,
division de Douglas & McIntyre Ltd., sous le titre *Tree : A Life Story*

Catalogage avant publication de Bibliothèque et Archives Canada

Suzuki, David, 1936-

L'Arbre : une vie

Traduction de : Tree : a life story.

Comprend des réf. bibliogr.

ISBN 2-7646-0406-8

1. Sapin de Douglas – Cycles biologiques. 2. Sapin de Douglas – Développement. 3. Sapin de
Douglas – Croissance. I. Grady, Wayne. II. Titre.

QK494.5.P66S8814   2005   585'.2   C2005-941905-9

Je dédie ce livre à Ellen Adams, que j'ai connue alors qu'elle était étudiante au doctorat en zoologie à l'Université de Colombie-Britannique.

Brillante et vive, elle cultivait des intérêts qui dépassaient largement le cadre de la zoologie. Elle est morte trop jeune. Elle appuyait généreusement le travail de la fondation David Suzuki et a contribué à ce que ce livre devienne réalité.

DAVID SUZUKI

Préface

Le culte de l'arbre est présent dans un grand nombre de traditions. Des essences aussi différentes que le chêne, le frêne, l'olivier, le Cryptomeria japonica, *ont fait l'objet de vénération dont certaines formes perdurent... Certains arbres sacralisés (Iggdrasil, chez les Scandinaves), ont été immortalisés par des œuvres artistiques comme la* Tétralogie *de Wagner.*

À notre époque, deux aspects contradictoires du rapport des humains aux arbres se font jour. D'abord, un rapport positif, souligné par la connaissance due à la science contemporaine de l'importance cruciale des arbres dans l'histoire du développement de la vie jusqu'à notre propre existence. Depuis près de cinq milliards d'années, le Soleil dispense sa chaude lumière à chacune des planètes du système solaire mais la quasi-totalité d'entre elles (Mercure, Vénus, Mars, etc.) la dispersent aussitôt dans le cosmos. À l'inverse, grâce aux plantes, notre planète intercepte en permanence de l'énergie solaire. Étalé comme une vaste antenne, le tapis de verdure absorbe les photons du Soleil, les associe à l'eau du sol et au gaz carbonique de l'atmosphère, élabore les glucides dont se nourrit toute la chaîne alimentaire, des herbivores aux carnivores, jusqu'à l'homme. Nous respirons l'oxygène qui s'en dégage. Au-delà du plaisir que leur présence nous procure, les plantes jouent un rôle fondamental dans notre existence ; elles sont notre lien avec l'énergie du cosmos.

L'autre rapport est massivement négatif : il découle en partie du pro-
cessus de marchandisation qui entraîne le pillage des forêts pour un commerce
lucratif mais désastreux. On aurait détruit au XXe siècle plus de la moitié de
la forêt mondiale. Un astronaute m'a décrit le triste spectacle, vu du ciel, de
ces territoires brésiliens, africains ou indonésiens ravagés par des incendies
aggravant la déforestation.

Depuis 1970, 15 % de la forêt amazonienne a été détruite. Des
efforts sont aujourd'hui engagés par la communauté internationale pour pré-
server ce qui en reste et réhabiliter les terres dégradées par les brûlis. Ainsi en
est-il des forêts indonésiennes qui sont, biologiquement, parmi les plus riches
de la planète. La forêt de Tesso Nilo, en particulier, est menacée de dispari-
tion à très court terme, ce qui entraînerait l'élimination de ses hôtes animaux
(éléphants, tigres, tapirs, singes…) et de centaines de plantes très rares. Le
plan de sauvetage mis en place récemment est sapé par les coupes illégales et la
corruption.

On pourrait aussi parler du Mexique, qui était la quatrième région
du monde pour la diversité des essences forestières. Le déboisement a été
la résultante de divers facteurs, notamment la croissance démographique, la
restructuration agricole, les inégalités du régime foncier et les programmes
gouvernementaux de colonisation. Et on estime que ce pays a déjà perdu
95 % de ses forêts tropicales humides.

Au Québec, le film L'Erreur boréale, *du chanteur Richard Des-*
jardins, a révélé des connivences entre des entreprises et des politiques dans les
« coupes à blanc » des forêts septentrionales. Depuis quelques années la pré-
servation de ce qui reste de la forêt mondiale est devenue un sujet de grande
préoccupation. Elle fait l'objet de nombreuses mobilisations un peu partout sur
la planète. Conscients de l'importance du rôle des forêts dans la survie de

notre espèce humaine, des jeunes gens s'enchaînent aux arbres pour dissuader des bûcherons. Il importe aujourd'hui de porter sur l'arbre un regard chargé de la même antique vénération, dorénavant rationnellement renforcée par les connaissances acquises grâce à la science.

Le livre de David Suzuki s'inscrit bien dans cette nouvelle mouvance. Avec un délicieux mélange de sensibilité et de compétence scientifique, avec des phrases lyriques et des renseignements factuels, David Suzuki dresse pour nous une vaste synthèse des connaissances sur notre cosmos pour arriver à l'histoire d'un arbre, son arbre, un gigantesque sapin de Douglas sur la côte ouest du Canada. Un arbre plusieurs fois centenaire, déformé par des glissements de terrains, mais glorieux d'avoir trouvé la route vers la lumière. Nous le suivons tout au long de son existence, jusqu'à sa mort. C'est un hymne à l'arbre que nous présente Suzuki, un hymne salutaire pour renouer avec notre rapport essentiel aux arbres à notre époque où nous devons nous mobiliser pour les conserver avec nous. . .

Hubert Reeves
www.hubertreeves.info/

Introduction

Ce livre est la biographie d'un arbre bien précis, un sapin de Douglas, mais il pourrait tout aussi bien s'agir de n'importe quel arbre — un eucalyptus australien, un banian indien, un chêne anglais, un baobab africain, un acajou d'Amazonie ou un cèdre du Liban. Tous les arbres témoignent des merveilles de l'évolution, de cette capacité qu'a la vie de s'adapter à des défis inattendus et de se perpétuer sur de longues périodes.

Les racines fermement enfoncées dans la terre, ils s'élancent vers les cieux. Partout sur la planète, les arbres — dans une merveilleuse profusion de formes et de fonctions — assurent littéralement la cohésion du monde. Leurs feuilles captent l'énergie du soleil au bénéfice de toutes les créatures terrestres et transpirent des torrents de vapeur d'eau dans l'atmosphère. Leurs branches et leurs troncs offrent gîte et couvert à des mammifères, à des oiseaux, à des amphibiens et à d'autres plantes. Et leurs racines fixent le mystérieux monde souterrain du roc et du sol. Les arbres figurent parmi les créatures terrestres qui vivent le plus longtemps ; leur existence couvre des périodes qui dépassent de beaucoup notre vie, notre expérience, notre mémoire. Les arbres sont des êtres remarquables. Pourtant, ils se contentent simplement d'être là, comme des figurants dans le drame de la vie, toujours en toile de fond à l'action changeante qui les entoure, si familiers et omniprésents que nous les remarquons à peine.

Je suis zoologiste par choix et par formation. Tout au long de ma vie, ce sont les animaux qui ont retenu mon attention et nourri ma passion. Les premiers animaux dont j'ai pris conscience de l'existence étaient mes parents, mes frères et sœurs et mes compagnons de jeux, suivis de mon chien, Sport. Mes parents étaient de fervents jardiniers, mais les plantes ne m'ont jamais beaucoup inspiré ; elles n'étaient pas mignonnes, ne gigotaient pas, n'émettaient aucun son. Enfant, je me passionnais plutôt pour la pêche : les salamandres, les grenouilles — trophées convoités récoltés au cours de mes expéditions dans les fossés et les étangs —, et la formidable variété d'insectes (surtout de coléoptères) exerçaient sur moi une fascination qui ne se démentait pas. Ce n'est pas un accident si, adulte, j'ai consacré ma carrière de généticien à l'étude d'un insecte, la mouche du vinaigre, *Drosophila melanogaster*.

Pourquoi diable un amoureux des animaux écrirait-il un livre sur les arbres ? Depuis la parution de *Silent Spring*, ouvrage fondateur de Rachel Carson, le monde entier a pris conscience de l'importance de l'environnement, et on a commencé à dénoncer la destruction des forêts à l'échelle de la planète ainsi que les pratiques forestières industrielles irresponsables. Comme plusieurs militants, je me suis engagé dans ce mouvement visant à protéger les forêts anciennes d'Amérique du Nord et d'Amérique du Sud, d'Asie et d'Australie, mais, ce faisant, je me suis surtout préoccupé de l'habitat que ces forêts fournissaient à d'autres organismes, de la diminution de la biodiversité qu'elles abritaient et de leur rôle dans le réchauffement de la planète. C'est un seul arbre sur l'île où se trouve mon chalet qui m'a finalement amené à comprendre que l'arbre est merveille.

Un sentier serpente de mon chalet à la plage, accusant une pente raide là où le sol prend fin et où commence le sable. À cet endroit, au bord du talus, un magnifique sapin de Douglas, qui fait probablement cinq mètres de circonférence, s'élève à plus de cinquante mètres du sol. Il peut avoir quatre cents ans, ce qui veut dire qu'il a commencé sa vie au moment où Shakespeare écrivait *Le Roi Lear*. C'est un arbre singulier en ce qu'il jaillit à l'horizontale du promontoire qui surplombe la plage, puis décrit un arc ascendant d'un angle d'une trentaine de degrés avant de se tourner franchement à la verticale. La section horizontale est un endroit merveilleux pour s'asseoir ou entamer une ascension, et nous avons attaché des cordes au tronc pour y suspendre des balançoires et des hamacs.

L'arbre a supporté nos activités, offert son ombre, nourri des écureuils et des tamias, abrité des aigles et des corbeaux, mais il est toujours resté comme à la périphérie de notre conscience. Un jour que je posais distraitement les yeux sur son tronc difforme, il m'est soudain apparu qu'alors qu'il commençait tout juste à pousser, il y a de cela des centaines d'années — à peu près au moment où, mettons, Isaac Newton observait une pomme tomber d'un arbre en Angleterre —, le sol où il avait germé à l'origine devait s'être effondré sur la plage, inclinant l'arbre au-dessus du sable. La jeune pousse avait dû modifier sa croissance pour continuer à pousser vers le haut, en direction de la lumière. Des années plus tard, un nouveau glissement de terrain avait sans doute fait pencher le tronc de l'arbre davantage, de sorte qu'il était maintenant horizontal, et devait encore une fois compenser en se recourbant vers le haut pour tendre de nouveau à la verticale. Cet arbre était une preuve muette de l'histoire.

La vie de tout arbre est précaire. Les arbres ne se déplacent pas ; ils doivent pourtant répandre leur pollen le plus loin possible de leur propre territoire tout en dispersant leurs graines à l'intérieur de leur propre sphère d'influence. Pour ce faire, ils ont mis au point d'extraordinaires mécanismes qui consistent, notamment, à utiliser les animaux comme agents de dispersion, ou à fixer des hélices, des parachutes et des catapultes à la solide enveloppe d'une graine. Quiconque a déjà vu la brume de pollen qui flotte au-dessus d'une forêt de conifères, les nuages vaporeux de chatons de peuplier sur la berge d'un ruisseau tranquille ou les monticules de glands que produit un chêne une année de pleine paisson, celui-là sait l'extravagante prodigalité mise en œuvre par les arbres pour assurer la survie d'un très petit nombre. Quel que soit l'endroit où atterrit une graine, son sort en est jeté et, pour la majorité, cela signifie qu'elles s'exposent à être dévorées par les insectes, les oiseaux ou les mammifères, à se flétrir sur le roc ou à se noyer dans l'eau. Même quand une graine se pose sur le sol, son avenir est incertain. Cette minuscule goutte de protoplasme contient l'héritage complet de son parent, une réserve de provisions qui lui permettra de survivre à ses premiers éveils, et un bagage génétique informant la plante qu'elle doit pousser en étirant ses racines vers le bas et sa tige vers le haut, en plus de lui communiquer la marche à suivre pour capter l'énergie, l'eau et les minéraux dont elle a besoin pour vivre. Son existence est programmée ; pourtant elle doit se montrer suffisamment flexible pour affronter des tempêtes inattendues, la sécheresse, le feu, les prédateurs.

Une fois que sa première racine a percé le sol, la graine est inéluctablement liée à ce lieu précis de la planète : c'est de là qu'elle devra tirer tout ce dont elle a besoin pour vivre et croître pendant des siècles. De l'air et du sol, il lui faudra obtenir tous les éléments nécessaires pour fabriquer les molécules et les structures grâce auxquelles elle s'élèvera à des dizaines ou à des centaines de mètres au-dessus du sol, atteindra un poids de dizaines de tonnes et résistera aux assauts destructeurs du feu et du vent. L'ingéniosité et la technologie humaines n'égaleront jamais la force et la résilience qui sont parties intégrantes de n'importe quel arbre. Uniquement à l'aide de lumière du soleil, de gaz carbonique, d'eau, d'azote et de quelques oligo-éléments, les arbres fabriquent l'éventail entier de molécules complexes qui sont les constituants fondamentaux de leur structure physique et de leur métabolisme. Pour accomplir cet exploit, ils ont recours aux champignons : ces derniers enveloppent les racines et les poils absorbants à la manière de fils de la Vierge et extraient du sol les oligo-éléments et l'eau qu'ils échangeront ensuite avec l'arbre contre des sucres créés dans ses feuilles.

Le protoplasme d'un arbre est rempli de réserves d'énergie et de molécules qui apparaissent irrésistibles à d'autres organismes. Les arbres ne peuvent certes ni s'enfuir, ni se cacher, ni bourrer de coups les prédateurs qui s'en prennent à eux, mais on aurait tort de croire qu'ils sont pour autant des victimes impuissantes. Leur écorce leur sert d'armure, et ils produisent une multitude de composés qui constituent des toxines pour les envahisseurs ou font fuir ces derniers. S'ils sont attaqués par des insectes, les arbres peuvent émettre des composés volatils qui non seulement éloigneront les envahisseurs mais avertiront aussi du danger les arbres voisins, les stimulant à synthétiser le même insectifuge. Les arbres offrent le vivre et le couvert aux champignons au sein même de leurs cellules, en échange de quoi l'invité produit des substances qui protègent l'hôte des infections bactériennes. Un arbre en proie à une maladie ou infesté par un parasite pourra condamner la zone infectée, sacrifiant des parties de son corps pour assurer la survie du reste. Dans le sol, les racines des arbres d'une communauté peuvent s'entrelacer jusqu'à se fondre les unes aux autres, ce qui permet aux arbres de communiquer, d'échanger des substances et de s'entraider. Nul arbre n'est une île ; chacun est citoyen d'une communauté et, à ce titre, la

Le sapin de Douglas près de mon chalet

coopération, le partage et l'effort mutuel lui assurent les mêmes bénéfices que ceux que retire toute créature vivante faisant partie d'un écosystème pleinement fonctionnel.

Au fil du temps, même l'arbre le plus robuste est implacablement rongé, envahi, infecté et affaibli. La mort d'un arbre ne se manifeste pas par l'arrêt d'un cœur, l'interruption des ondes d'un cerveau ou l'expiration d'un dernier soupir. L'arbre agonisant continue de fonctionner par à-coups ; les racines tentent de renvoyer de la nourriture et de l'eau dans des conduits abîmés et obstrués ; la photosynthèse se poursuit de façon irrégulière. Devenu un chicot sans vie, l'arbre supporte encore un grand nombre d'autres espèces. Quand il finira par tomber, l'arbre en décomposition continuera de nourrir et de soutenir une multitude d'êtres vivants pendant des siècles.

Tout au long de l'Histoire, nous nous sommes interrogés sur la relation qui nous unit aux autres êtres qui vivent sur la Terre. Par le passé, de nombreux peuples ont compris que nous étions à la fois dépendants et parents non seulement des autres animaux, mais de tous les êtres verts. Ils imaginèrent l'origine de l'univers, le moment et la façon dont les êtres humains apparurent, et la manière dont les choses en vinrent à exister. Les histoires qu'on raconte dans toutes les cultures expriment ces observations, ces croyances et ces conjectures qui incarnent la conception du monde de chaque peuple.

La science offre une autre perspective, puissante et radicalement différente. En se concentrant sur une partie de la nature, en contrôlant soigneusement tout ce qui s'y rattache, en mesurant et en décrivant un fragment donné, elle permet d'acquérir une connaissance approfondie... de ce fragment. Ce faisant, les scientifiques oublient souvent le contexte dans lequel s'inscrit cette partie, dont ils ne voient plus les rythmes, les cycles et les motifs qui faisaient pourtant tout l'intérêt de ce fragment. Les connaissances scientifiques sont constamment en mutation, sans cesse augmentées, modifiées ou détrônées par de nouvelles observations. Dans ce livre, nous avons voulu témoigner de l'émerveillement et des interrogations d'un néophyte, tout en les enrichissant du type d'informations dont disposent les scientifiques. Les détails changeront et se préciseront avec le temps, mais les phénomènes demeureront aussi merveilleux et éblouissants qu'ils l'ont toujours été.

L'histoire d'un seul arbre nous met en contact avec d'autres époques et toutes les régions du monde. C'est cette histoire que nous raconterons ici. Mais c'est aussi l'histoire de tous les arbres — de toute vie —, partout en ce lieu que l'on nomme la Terre.

David Suzuki, juin 2004

Chapitre 1 Naissance

Un éclair illumine le ciel et la foudre frappe le point le plus élevé de la crête boisée. Le feu n'éclate toutefois pas au sommet, où les arbres sont jeunes et forts, mais légèrement en contrebas, là où, au fil des années, des chicots et des branches mortes se sont accumulés pour former un tas de petit bois sec. Un chicot se consume lente-

Les arbres gauchissent le temps.
JOHN FOWLES, *L'Arbre*

ment pendant des jours, lâchant des tisons enflammés sur le sol rocheux. Les charbons se répandent dans les débris environnants où ils allument un feu de surface qui embrase brindilles et cônes de pin. Les flammes lèchent les branches basses mortes des arbres vivants, grimpent rapidement l'échelle de leurs frondaisons entremêlées jusqu'à l'étage résineux du milieu, où elles brûlent avec une intensité telle qu'elles consument tout l'oxygène environnant et atteignent une température qui dépasse de loin celle où le bois vivant prend feu. Puis, comme si l'on avait ouvert le registre d'un fourneau, une bouffée d'oxygène frais apportée par un vent favorable est captée par la convection atmosphérique et, en un instant, comme par quelque magie diabolique, toutes les flammes du monde semblent exploser sous le couvert de la forêt. Ce qui a commencé en feu de surface est maintenant un incendie de cimes, un incendie en mouvement.

L'incendie de cimes progresse en envoyant des éclaireurs à la recherche de ressources fraîches. Le foyer principal se balance d'abord d'avant en arrière, comme s'il se demandait ce qu'il allait consumer ensuite, puis ses vrilles se tordent pour former des bouclettes de feu, des spirales, des volutes et des minitornades qui se combinent bientôt en un unique vortex furieux, un silo tourbillonnant de fumée houleuse. Les gaz qui brûlent au sommet, à des températures proches de 1 000 °C, sont aspirés vers le sol, où ils soulèvent des branches enflammées et parfois des troncs entiers, qu'ils portent dans le courant ascendant entourant le silo ; celui-ci, agissant maintenant à la manière d'un canon, les projette à des centaines de mètres dans la forêt que le feu n'a pas encore touchée. De toutes parts, des missiles enflammés fendent l'air. Leur mission consiste à allumer des foyers secondaires, ou des feux satellites, qui s'uniront avant de revenir se rapporter au foyer principal.

Quand la température dans l'espace entre le brasier principal et les foyers secondaires réunis devient plus chaude que le point éclair du bois et que le vent apporte une nouvelle charge d'oxygène frais, soudain, en quelques millisecondes, il n'y a plus de distinction entre le foyer principal et ses éclaireurs. C'est ce qu'on appelle une flambée explosive. Un feu qui avançait lentement occupe tout à coup cent kilomètres carrés. Il ne progresse plus de manière linéaire : c'est maintenant un incendie hors de contrôle. La forêt tout entière est un chaos de chaleur cuisante et de fumée ourlée de flammes, une débâcle d'animaux et d'oiseaux criant en déroute dans les ténèbres, de blocs rocheux en équilibre précaire, de vents rugissants ; on dirait la fin de toute vie.

Quand la moindre brindille de matière inflammable des environs a été consumée, quand la terre a été dépouillée de sa végétation et vidée de ses nutriments organiques, quand même l'eau s'est évaporée du lit des ruisseaux, quand les pierres ont fendu et que la fumée et les particules produites par le feu se sont élevées jusqu'aux limites de l'atmosphère, le feu poursuit son chemin, suivant d'autres éclaireurs pour aller, au gré du relief et du vent, explorer de nouveaux territoires. Derrière lui, le mastodonte ne laisse que le silence. Le sifflement et le grondement se sont tus ; il n'y a pas d'animaux, pas d'oiseaux, de reptiles ou d'insectes, pas de vent dans les saules, par de grattement ni de frottement d'une branche contre une autre. Pas de mouvement. Pas de couleur hormis l'anthracite et le gris cendre. On pourrait pardonner à celui qui, contemplant une telle désolation, croirait voir dans le feu un fléau issu des sombres régions que Dante, qui écrivait à l'autre bout du monde au moment où notre incendie a éclaté, nommait l'Enfer. La pluie vient du ciel ; le feu vient de l'enfer.

Mais celui-là aurait tort. La côte ouest de l'Amérique du Nord, où cet incendie a éclaté, a régulièrement connu de tels phénomènes. Les incendies les plus gigantesques, les « incendies du siècle », ont balayé les forêts du Nord tous les deux ou trois cents ans ; de plus petits feux de surface se sont succédé à des intervalles pouvant atteindre deux fois tous les trente ans. Comme les grands arbres, sapins de Douglas matures, épinettes de Sitka et séquoias géants, vivent pendant plus de mille ans, force est de constater qu'ils ne sont pas affectés même par les incendies les plus violents. Au contraire, ils ont besoin des incendies importants pour faire progresser et boucler leur cycle biologique.

Ces incendies majeurs ne viennent ni du ciel ni de l'enfer, mais s'inscrivent dans les processus naturels qui gouvernent la vie des plantes et des animaux. Le feu est une forme d'énergie qui provient de l'immense chaudron de fusion nucléaire qu'est notre Soleil. L'énergie solaire est descendue sur la Terre où elle a été captée par les feuilles, puis organisée en molécules stables, lesquelles sont régulièrement — quoique de manière accidentelle — rallumées et métamorphosées de nouveau en feu. En ce siècle, le feu est une part de la forêt aussi importante que la pluie, le bourdonnement des insectes, le crépitement des écureuils volants et des campagnols.

Les pins de Murray et les séquoias géants sont, à l'instar d'autres conifères occidentaux, sérotineux, ou tardifs : plutôt que de laisser tomber leurs graines aussitôt qu'elles sont

Après le feu

parvenues à maturité, comme le font les pommiers et les érables, ils les conservent et ne les lâchent qu'en réponse à quelque déclencheur environnemental. Les pins de Murray peuvent garder leurs cônes fermés pendant cinquante ans en attendant qu'un feu les ouvre et en fassent se détacher les graines. Les séquoias aussi gardent leurs cônes hermétiquement clos pendant des décennies et ne laissent aller leurs graines que lorsque les cônes sont chauffés entre 50° et 60 °C, température qui ne peut être obtenue que grâce à un feu. Les tissus végétaux (et animaux) commencent à s'altérer à 50 °C, ce qui signifie que ces géants libèrent leurs graines à des températures assez élevées pour les tuer. On croit que les branches basses de certains conifères meurent et restent fixées à l'arbre dans le seul but de servir de combustible aux feux de surface, de manière à catapulter les flammes vers la cime de l'arbre où elles chaufferont les cônes et permettront de répandre les graines.

La capacité de résister à une chaleur intense est un attribut précieux dans des zones sujettes aux incendies, qui reçoivent peu de précipitations (moins de 125 centimètres de pluie par année) et connaissent de longues périodes de chaleur, de sécheresse et de forts vents. Tel est le climat de l'Australie, et l'eucalyptus, ou gommier, caractéristique du paysage australien, est l'un des arbres les plus inflammables de la planète, qui produit d'importantes quantités de feuilles sèches, et même un gaz inflammable pouvant propulser des flammes à une centaine de mètres. Les gommiers supportent pourtant des températures extrêmement élevées, et le feu semble nécessaire à la survie de certaines espèces. Même dans des climats relativement humides, la résistance au feu est susceptible de constituer un atout. À Hawaii, par exemple, l'ohia lehua *(Metrosideros macropus)* peut produire de nouvelles pousses même s'il est enseveli vivant sous un monceau de cendres volcaniques brûlantes — il ira même jusqu'à créer de nouvelles racines sous son amas de cendres fraîches.

Les sapins de Douglas *(Pseudotsuga menziesii)* n'ont pas besoin du feu pour se reproduire, mais celui-ci n'en est pas moins essentiel à leur survie. Comme leurs plants ne supportent pas l'ombre, ces arbres ont besoin que le feu nettoie le sol autour de leur base d'espèces telles que la pruche de l'Ouest et le thuya géant ; ainsi, lorsque les graines du sapin de Douglas finiront par tomber, elles se fixeront en terrain inoccupé et donc dépourvu de toute ombre. Qui plus est, la cendre contient de précieux nutriments dont peuvent profiter les jeunes plants. Si ce n'était du feu, les forêts de sapins de Douglas se transformeraient en forêts de pruches et de thuyas. Les sapins de Douglas matures arrivent à survivre aux feux grâce à l'écorce non ignifuge — dont l'épaisseur peut atteindre 30 centimètres chez un arbre mature — dont les a dotés l'évolution, écorce qui protège la couche vivante de cambium qui se cache dessous.

Le feu est fantasque. Il peut balayer des milliers d'hectares de bois en quelques jours, comme s'il était déterminé à tout anéantir sur son passage, pourtant il épargnera un jeune arbre ici, un arbre mature là, ailleurs un bosquet entier. Après cet incendie-ci, un coup d'œil rapide à la vallée noircie et calcinée n'aurait révélé que des cimes carbonisées penchées au-dessus des monticules de cendres grises. Mais en y regardant de plus près, surtout après une ondée, on aurait découvert une occasionnelle zébrure verte, une étincelle de soleil réfléchie dans des veines de résines et, dans un recoin abrité du versant, un petit oasis de forêt intouchée.

Bien que les cônes des sapins de Douglas n'aient pas besoin de températures élevées pour s'ouvrir, ils doivent néanmoins sécher jusqu'à perdre au moins cinquante pour cent de leur humidité naturelle. Quelques jours après l'incendie, les centaines de cônes que porte un seul sapin de Douglas haut de 70 mètres écartent lentement leurs écailles et confient leurs réserves de graines ailées au vent qui souffle librement. Les graines virevoltantes tombent sur le sol en tourbillonnant. Quatre-vingt-quinze pour cent d'entre elles ne germeront jamais : elles se seront posées sur le roc, dans l'eau, sur un sol stérile. De celles qui restent, quatre-vingt-quinze pour cent mourront au cours de la première année, par manque de nutriments ou excès d'ombre, ou alors victimes de l'appétit de souris sylvestres ou d'écureuils de Douglas. Mais la prodigalité déployée par la nature fait en sorte que quelques-unes — un nombre suffisant — tomberont sur un sol minéral humide qui stimulera la germination. La plupart de ces graines ne parviendront cependant jamais à maturité : leurs jeunes plants succomberont à un autre feu avant que leur écorce ait pu se développer suffisamment pour les protéger, à un cerf à queue noire qui broute par là, à un wapiti qui s'y frotte les bois un peu trop vigoureusement, à des insectes, à une infection fongique, à la sécheresse, à un glissement de terrain, à un gel meurtrier ou à la concurrence des autres arbres. Mais l'une d'entre elles s'établira dans un endroit dégagé, situé à une bonne altitude, bien drainé, où elle recevra assez de lumière du soleil et sera exposée à une brise porteuse d'humidité en provenance de l'océan Pacifique, à l'extrémité de la vallée qui verdit à nouveau. La graine produira des racines, fera pousser une tige, jaillir des branches et des aiguilles, et continuera à se développer pendant les cinq cents années qui suivront. Ce sera notre arbre.

Au commencement

Le feu est un élément familier et essentiel des écosystèmes forestiers ; les incendies réduisent la matière et l'énergie qui constituent les différentes formes de vie de la forêt à leurs composantes fondamentales, lesquelles pourront être exploitées de nouveau par de nouvelles formes de vie. Le feu, la graine et la croissance subséquente de notre arbre sont autant d'étapes d'un processus qui a débuté des éternités avant que la vie animale n'apparaisse sur terre. Notre univers a été chauffé à blanc dans le four du Big Bang il y a de cela 13,8 milliards d'années, tandis que toute la matière existante était comprimée en une singularité de l'espace-temps, un point pas plus gros que celui qui marque la fin de cette phrase. Ce point explosa avec une violence inimaginable, à une température et une vitesse extraordinaires, se déversant en un mouvement d'expansion qui se poursuit encore aujourd'hui. Au cours des 9 milliards d'années qui suivirent, les tourbillons de gaz en refroidissement contenaient suffisamment de matière pour exercer une attraction gravitationnelle qui donna naissance à des agrégats de plus en plus denses. Soudain — à l'échelle temporelle cosmique —, les cieux furent illuminés par l'embrasement quasi simultané de millions de fournaises nucléaires : les étoiles. L'une d'entre elles était notre étoile, le Soleil, qui fut créé à partir d'une masse de nuages contenant plus de 99,8 pour cent de la matière du système solaire.

Les planètes se formèrent par la condensation du 0,2 pour cent de matière gazeuse universelle que le Soleil n'avait pas accaparée. Tandis que la Terre se constituait, il y a de cela 4,5 milliards d'années, la pression gravitationnelle qui la comprimait chauffa son noyau jusqu'à le transformer en magma. L'atmosphère de la planète, dénuée d'oxygène mais saturée de gaz à effet de serre tels le gaz carbonique et la vapeur d'eau, forma une couverture isolante qui emprisonna la chaleur de la Terre et stabilisa les températures de sa surface à un niveau où la vie pouvait éclore. Le décor était dès lors planté, les projecteurs allumés pour que la grande pièce de la vie puisse se jouer.

En voici les premières scènes : la surface de la Terre se refroidit pour former d'immenses plaques de croûte solide flottant sur le magma comme de gigantesques banquises sur une mer de feu en fusion. Là où elles entraient en collision, les plaques se soulevaient, donnant naissance à des chaînes de montagnes ; là où elles se séparaient, des océans venaient se déverser pour remplir les failles. Pendant ce temps — un temps qui dura plus d'un demi-milliard d'années —, le cycle hydrologique (évaporation, condensation, précipitation) s'établit sur le continent stérile, y gravant des canyons où coulaient des torrents, dissolvant les minéraux des pierres, minéraux qui étaient emportés par les mers où, au fil des millénaires, ils s'accumulèrent pour s'unir à des éléments déjà présents dans l'eau. Les océans devinrent ainsi une solution riche en carbone, en azote, en phosphore, en soufre, en hydrogène et en sodium. Le continent se couvrit d'une mince pellicule de sable, de gravier, de cendre volcanique, de limon et d'argile.

À peu près au milieu de l'acte I, ces unités élémentaires se combinèrent dans les océans pour former des organismes vivants. Quant à savoir comment elles s'y prirent, il s'agit de l'une des questions les plus controversées de la biologie moderne, mais l'on s'entend généralement pour dire que le phénomène dut avoir lieu il y a 3,8 ou 3,9 milliards d'années, dans l'eau, au cours d'un processus qui nécessitait de l'énergie. Cette énergie pouvait avoir été fournie par une variété de sources : les rayons ultraviolets de l'atmosphère dénuée d'ozone, la foudre, des pluies de météorites (qui, selon certaines hypothèses, auraient également été porteuses de quelques éléments essentiels qui faisaient défaut à la Terre) et des cheminées hydrothermales sur le plancher océanique, où le magma qui exsudait des fissures séparant les plaques tectoniques surchauffait l'eau et fournissait des ingrédients comme le méthane et l'ammoniac.

Quelques atomes et molécules finirent par s'agglomérer en masses plus importantes pour former des macromolécules de lipides, d'hydrates de carbone, de protéines et d'acides nucléiques. Des molécules complexes en vinrent à être enveloppées par des membranes de lipides qui séparaient l'intérieur de l'extérieur. Il y avait là des protocellules, le début de la vie. À un certain moment, la matière inanimée s'était ordonnée avec une complexité telle qu'elle était devenue vivante. Fin de l'acte 1.

On distingue aujourd'hui ce qui est vivant de ce qui ne l'est pas par de nombreuses propriétés dont aucune n'est exclusive aux organismes vivants mais qui n'apparaissent collectivement que chez les êtres vivants : des structures hautement organisées, la reproduction, la croissance et le développement, l'utilisation de l'énergie, une réponse à l'environnement, l'homéostasie (le maintien d'un environnement interne stable) et l'adaptation par le biais de l'évolution. Nous ignorons combien de formes de vie potentielles ont connu une brève existence avant de succomber à la pression que leur infligeaient d'autres formes de vie potentielles, les conditions environnementales, le manque de ressources (ou le manque d'habileté à les utiliser), et de redevenir matière informe. Peut-être, grâce à la richesse des substrats moléculaires des océans primitifs, l'agrégation spontanée se produisait-elle sans cesse. Si tel était le cas, la compétition devait être féroce et le prix de l'échec, sans merci. Une seule expérience s'est soldée par le succès. Une fois qu'une forme de vie est apparue qui pouvait dominer toutes les autres, se reproduire et subir des mutations qui augmentaient son avantage concurrentiel, cette proto-cellule de bactérie devint le progéniteur de toute la vie future sur terre. C'était la dernière fois qu'une génération spontanée émergeait de la matière inanimée ; après ce moment, seule la vie allait engendrer la vie, en une chaîne ininterrompue qui nous mène jusqu'à aujourd'hui.

Au début de l'acte 2 — soit au cours des quelques premières centaines d'années —, l'existence n'était pas de tout repos. Pour survivre, les premières cellules bactériennes devaient tirer parti des moindres ressources de l'océan qui les entourait, en employant, par exemple, l'énergie libérée par la rupture des liaisons atomiques du soufre pour accomplir des réactions chimiques ou encore en se nichant à proximité des profondes cheminées hydrothermales pour en recueillir la chaleur. Il est possible que la majeure partie de cette minuscule activité se soit déroulée sous des glaces épaisses de plusieurs kilomètres, tandis que la « Terre Boule de neige » subissait des phases successives de refroidissements importants. Pendant des dizaines de millions d'années, ces formes de vie primitives évoluèrent, façonnées par leur environnement changeant et par la sélection naturelle.

Le moteur fondamental de l'évolution est la mutation, qui consiste en variations rares et imprévisibles du code génétique d'un organisme. Pendant quelques générations, tous les gènes d'un organisme se reproduisent comme prévu : cet organisme se divise simplement en deux par le biais de la fission binaire. Mais, tout à coup, par hasard, un rejeton hérite d'un gène altéré, différent, mutant. Au cours des premières années qui suivirent l'éclosion de la vie, les mutations étaient autant d'occasions qui entraînaient des variations susceptibles de conférer à leur porteur un léger avantage sur ses concurrents.

Aujourd'hui, après des milliards d'années d'évolution, n'importe quel organisme vivant hérite d'un génome que la sélection naturelle a affiné depuis la nuit des temps. À la manière des pièces d'une montre conçue avec soin, méticuleusement mise au point par des générations d'horlogers suisses, les gènes d'un noyau ont été sélectionnés pour fonctionner efficacement tout au long de la vie d'un organisme. Si l'on ôtait le dos de la montre pour plonger à l'aveugle une épingle dans les rouages, il y a une chance infime que cet événement aléatoire ait pour effet d'améliorer le fonctionnement du mécanisme, mais les risques que cette action ait des conséquences désastreuses sont infiniment plus élevés. Cette épingle piquée dans une montre est semblable à un événement provoquant une mutation, et c'est pourquoi la majorité des mutations sont préjudiciables et rendent le rejeton moins apte à survivre dans l'habitat de son parent. De loin en loin, il arrive cependant qu'une mutation se trouve accidentellement à conférer un avantage : une augmentation légère, presque imperceptible, de l'efficacité d'une réaction métabolique, par exemple, ou l'allongement inexplicable d'un appendice qui, lorsqu'il est secoué, offre une propulsion. Le rejeton avantagé de la sorte survit et domine le reste de ses frères, et ainsi procède l'évolution. Il reste qu'attendre que des mutations se produisent est un moyen à la fois lent et arbitraire de faire progresser la vie.

L'évolution s'est cependant considérablement accélérée avec l'invention de la sexualité. La reproduction sexuée est sans contredit beaucoup plus efficace que les autres types de reproduction car, entraînant un mélange et un brassage génétiques qui créent de nouvelles combinaisons quasi innombrables, elle augmente considérablement la probabilité d'obtenir une formule génétique qui confère un léger avantage. Incidemment, la reproduction sexuée entraîne aussi la nécessité de la mort. Quand une cellule se reproduit de manière non sexuée, comme c'était le cas du vivant au cours des premiers millions d'années, en croissant et en se scindant en deux, les deux cellules filles sont identiques, et semblables à la cellule mère qui leur a donné naissance. L'habitat demeurant inchangé, les trois cellules, la mère et les deux filles, ont la même chance de survie. Chaque cellule est essentiellement immortelle, puisqu'elle peut continuer de se scinder en deux indéfiniment. Toutefois, quand il y a deux parents, la quantité de résultats possibles augmente exponentiellement, ce qui signifie que le nombre de combinaisons génétiques produites dépasse largement le nombre de combinaisons qui peuvent survivre.

Supposons que chaque parent est porteur de deux formes, ou allèles, du gène a : l'un des parents est porteur de deux gènes a^1, et l'autre est porteur de deux gènes a^2. Grâce à la reproduction sexuelle et au brassage génétique, les générations subséquentes pourront être porteuses de l'une des trois combinaisons suivantes : a^1a^1, a^1a^2 et a^2a^2. Supposons maintenant qu'un autre gène, le gène b, existe lui aussi sous deux états différents : b^1 et b^2. Le nombre de combinaisons possibles grimpe maintenant à neuf : $a^1a^1b^1b^1$, $a^1a^1b^2b^2$, $a^1a^1b^1b^2$, $a^1a^2b^1b^1$, $a^1a^2b^1b^2$, $a^1a^2b^2b^2$, $a^2a^2b^1b^1$, $a^2a^2b^1b^2$, $a^2a^2b^2b^2$. S'il existe trois gènes qui ont chacun deux formes, il y a vingt-sept combinaisons. S'il y a n gènes, le nombre de combinaisons est de 3^n (c'est-à-dire 3 multiplié par lui-même n fois). Et l'on suppose ici que chaque gène n'a que deux formes, tandis qu'en réalité un même gène compte parfois des dizaines de formes différentes, ce qui fait grimper d'autant le nombre de combinaisons possibles. Le récent décodage du génome humain laisse croire que nous sommes tous porteurs de près de 30 000 gènes ; ainsi, s'il n'existait que deux formes de chaque gène, il y aurait $3^{30\,000}$ combinaisons génétiques possibles, un nombre qui dépasse l'entendement. En raison de variations aussi importantes, la compétition explosa et il fallut désormais qu'un grand nombre de cellules meure. L'introduction de la reproduction sexuée fut l'équivalent de la bouchée dans le fruit défendu, à la suite de quoi la vie sur terre se trouva expulsée du jardin d'Éden.

Pendant près de deux milliards d'années, les bactéries unicellulaires furent les seuls êtres vivants sur la planète. Si nous retournions dans le passé jusqu'à cette époque lointaine, la Terre apparaîtrait sans vie à l'œil nu, puisque les cellules ne sont visibles qu'au microscope. Mais les océans n'en fourmillaient pas moins d'une abondance de différentes formes de vie qui luttaient les unes contre les autres pour l'obtention des ressources et le contrôle de l'espace pour les utiliser. La Terre était une planète microbienne — et, sous plusieurs rapports, c'est toujours le cas. De nos jours, les scientifiques découvrent des bactéries enfouies quinze kilomètres sous la surface de la Terre, incrustées dans le roc. Là, elles vivotent, rompent des liaisons chimiques pour s'approprier l'énergie qui assure la cohésion des atomes, aspirent les molécules d'eau emprisonnées dans le roc et se divisent, peut-être à un rythme aussi lent qu'une fois tous les mille ou dix mille ans. Captives du roc, ces bactéries ont échappé aux vicissitudes des ères glaciaires et des périodes chaudes, à la dérive des continents et aux changements considérables qui ont marqué la flore et la faune. Elles sont semblables à des musées qui préservent des conditions génétiques datant de milliards d'années. On a retrouvé, chose inouïe, des bactéries vivantes dans les entrailles fossilisées d'une abeille vieille de quarante millions d'années. On estime que le poids combiné de tous les microbes de la planète dépasse celui de toutes les créatures multicellulaires, des arbres aux baleines en passant par l'herbe et les êtres humains. Et, comme nous le verrons, nous sommes tous, arbres et êtres humains, le produit des stratégies mises en œuvre par ces bactéries primitives pour survivre.

À ce moment-là, toutefois, l'intrigue connut un rebondissement. Au cours d'un cycle chaud, un organisme similaire aux cyanobactéries modernes (les algues bleu-vert) découvrit un moyen de procéder à la photosynthèse, c'est-à-dire de capter quelques-uns des vastes flots de photons issus de la lumière du soleil qui pleuvaient sur la surface des océans, et de transformer cette énergie en sucres qui pouvaient être stockés et utilisés au besoin. Il y a 3,5 milliards d'années, ces photosynthétiseurs, les premiers organismes terrestres que l'on puisse nommer « plantes », se répandirent dans les océans, dont ils occupèrent les deux cents mètres situés immédiatement sous la surface. Ils étaient si efficaces à exploiter l'énergie qui baignait la surface de la Terre que d'autres bactéries, qui ne faisaient pas de photosynthèse celles-là, leur offrirent leur propre cytoplasme pour abri en échange d'une partie des sucres.

Cette ancienne forme de coopération pour un bénéfice mutuel remporta un tel succès que des associations visant d'autres fonctions, telles que la division cellulaire et la production d'énergie, se développèrent elles aussi en symbiose. Protégées et nourries par leur cytoplasme d'emprunt, les cellules responsables de la photosynthèse finirent par lier entièrement leur avenir aux cellules de leurs hôtes en devenant des organelles complètement intégrés et dépendants de celles-ci, organelles qu'on nomme chloroplastes. L'existence de la majeure partie des nombreuses formes de vie indépendantes et aptes à se reproduire qui peuplaient la planète était devenue possible grâce à la photosynthèse, dont les bénéfices étaient partagés par le biais de la coopération entre les cellules. Le processus chimique avait également des bénéfices secondaires : la consommation de gaz carbonique réduisait la quantité de chaleur emprisonnée au-dessus de la surface de la Terre et entraînait un sous-produit intéressant : l'oxygène.

À l'origine, les organismes responsables de la photosynthèse étaient des bactéries, ou des organismes unicellulaires connus sous le nom de procaryotes. Comme toutes les « percées » extraordinaires qui sont le fruit de l'évolution, ces premiers modèles aptes à réaliser la photosynthèse étaient sans doute rudimentaires, mais, comparés avec les organismes incapables de tirer profit de la lumière du soleil, ils jouissaient d'un énorme avantage. En se répandant, ils se mirent toutefois à se concurrencer les uns les autres et ainsi, grâce à la sélection naturelle, la photosynthèse devint de plus en plus efficace et diversifiée. Toutes les bactéries n'étaient pas photosynthétiques, mais celles qui l'étaient, n'ayant plus à lutter pour des sources d'énergie, en vinrent avant longtemps à dominer les océans. Elles les occupent toujours aujourd'hui, sous la forme de phytoplancton, et sont responsables de plus de la moitié de la totalité de la photosynthèse effectuée sur la planète ; c'est pourquoi on les a surnommées « la forêt invisible de l'océan ».

Il y a de cela entre 3,5 et 2,5 milliards d'années, un groupe de procaryotes se sépara du reste pour former trois nouvelles lignées : les archéobactéries (les extrémophiles, par exemple, qui vivent à proximité, voire à l'intérieur des profondes cheminées sous-marines), les eubactéries (qui constituent la continuation des cyanobactéries photosynthétiques) et une troisième branche, qui finit par donner naissance aux eucaryotes, organismes dotés d'un noyau. Chaque cellule eucaryotique était formée d'un agrégat d'organismes jadis différenciés qui étaient si utiles à leur hôte qu'ils en étaient devenus des organelles, comme les chloroplastes et les mitochondries. Organismes unicellulaires, les premiers eucaryotes devinrent les constituants fondamentaux des organismes multicellulaires, groupe auquel appartiennent aujourd'hui tous les animaux et tous les végétaux. Au sein d'un individu multicellulaire, les cellules purent se spécialiser; un eucaryote multicellulaire constitue une colonie formée de différents types de cellules, dont chacune remplit une tâche qui profite à la collectivité, sous la prémisse voulant que ce qui profite au collectif profite aussi à la cellule. C'est ainsi que la coopération, comme le démontrent les organelles cellulaires aussi bien que la multicellularité, est dans la nature une force motrice aussi importante que la concurrence ; elle confère de surcroît un avantage dans le jeu sans merci de la sélection naturelle.

Pour peu qu'elles disposent des nutriments nécessaires, la quasi-totalité des 100 trillions de cellules qui constituent un être humain sont aptes à métaboliser, à croître et à se diviser par elles-mêmes. Chacune possède presque toutes les caractéristiques qui permettraient de la qualifier de cellule indépendante, et pourtant toutes sont intégrées dans un ensemble plus vaste. Un seul être humain forme donc une colonie de cellules potentiellement autosuffisantes apparues à un moment donné durant le processus d'évolution en coopérant pour le mieux-être du tout. Et c'est de ce tout aggloméré qu'émergea la conscience humaine, propriété nouvelle qui ne saurait être réduite à la somme des parties.

Depuis le commencement, la multicellularité procède d'un curieux mélange d'égoïsme et d'altruisme. Chaque cellule se trouvait libérée du fardeau consistant à accomplir l'ensemble des petites tâches ménagères qui l'empêchaient d'en mener aucune vraiment à bien. Un groupe avait la liberté de se concentrer sur la digestion, par exemple, tandis qu'un autre pouvait se spécialiser dans la reproduction. Un troisième pouvait être dédié à l'acquisition d'énergie, ou à la photosynthèse, ce pourquoi il s'organisait sur une vaste surface — comme une feuille de palmier — afin d'absorber suffisamment de lumière pour alimenter le collectif entier en énergie tout en surclassant les organismes des alentours qui cherchaient eux aussi à occuper leur place au soleil.

Il y a de cela environ 450 millions d'années, sans doute en réponse à la densité de la population et à la concurrence extrême, certaines plantes émergèrent de leur environnement marin pour se fixer sur terre. Portés sur le rivage par les marées ou largués sur le continent par de fortes tempêtes, quelques-uns de ces organismes, plutôt que de périr, s'adaptèrent à cet environnement hostile où l'eau était en quantité limitée, mais qui présentait aussi des avantages : la lumière du soleil n'y était pas filtrée par l'eau et l'atmosphère était riche en gaz carbonique. C'était la fin de l'acte 2.

En se répandant sur le continent, les premières plantes découvrirent de la lumière en abondance, mais, comme elles avaient quitté leur environnement marin, elles ne baignaient plus dans l'eau qui contenait des minéraux, des éléments et des petites molécules dissous. Elles devaient désormais extraire le gaz carbonique de l'air et trouver de nouveaux moyens de découvrir et d'absorber les nutriments, les oligo-éléments et l'eau nécessaires à la photosynthèse. Sur le continent, il y avait de la poussière, du limon, du sable, du gravier et de l'argile, mais pas de sol. Ce n'est qu'après la mort de générations de plantes terrestres — qui vinrent ajouter à la matrice inerte recouvrant le roc les minéraux et les molécules qu'elles avaient réussi à en arracher à grand-peine — que le sol fut créé, au cours de centaines de milliers d'années. En quelques millions d'années, les plantes terrestres se chargèrent de la moitié de la photosynthèse effectuée sur la planète.

Sur un continent maintenant recouvert de sol et de réservoirs d'eau, dans un paysage tapissé de plantes, le combat pour le soleil s'intensifia. En termes darwiniens, la concurrence favorisait l'agressivité et l'innovation, les luttes intestines pour la survie. Les individus qui découvraient de nouveaux moyens d'accéder à la lumière survivaient en supplantant leurs congénères moins fortunés. C'est ce que Darwin appela la « lutte pour l'existence ». Dans *De l'origine des espèces*, il explique

que la concurrence est « plus vive entre les formes alliées, qui remplissent presque la même place dans l'économie de la nature ». Autrement dit, dans la nature, les pires guerres sont toujours des guerres civiles, qui opposent le frère à la sœur, le rejeton au parent. Tous les avantages sont mis à profit, toutes les faiblesses, exploitées sans merci. « [T]ous les êtres organisés s'efforcent perpétuellement de se multiplier selon une progression géométrique ; [...] chacun d'eux à certaines périodes de sa vie, pendant certaines saisons de l'année, dans le cours de chaque génération ou à de certains intervalles, doit lutter pour l'existence et être exposé à une grande destruction. » Dans un champ rempli de plantes appartenant toutes à la même espèce, celles qui sont légèrement plus hautes que les autres profiteront aux dépens de leurs congénères.

À un moment donné, avant le carbonifère, qui débuta il y a de cela 235 millions d'années, quelques individus descendant des espèces qui avaient envahi le continent se dressèrent timidement au-dessus du sol, s'arrogèrent la lumière de leurs voisins et prospérèrent. Pour y parvenir sans risquer d'être emportés par les vents ou les vagues ou tirés vers le bas par d'autres plantes désireuses d'arriver au même exploit, il leur fallait durcir leur tige et raffermir leurs racines. Il leur fallait devenir des arbres.

Un nid dans le sol

Bien que les graines de certains végétaux, comme le séquoia géant, préfèrent un sol saturé de cendres, les graines des sapins de Douglas, quant à elles, peuvent rester en dormance pendant des années en attendant que la matrice du sol récupère l'azote et les autres nutriments détruits par le feu. L'azote est essentiel à la vie ; composant des acides nucléiques et des protéines, il représente près de deux pour cent de la masse de notre corps. L'azote est également abondant dans l'air, dont il forme soixante-dix-huit pour cent de la masse. Dans le sol, par contre, on n'en trouve que cinq parties par million, et la faible concentration d'azote est le principal facteur qui limite la croissance des plantes. Sur les pentes escarpées des montagnes côtières du Pacifique, la pluie incessante, en érodant la mince couche de sol, emporte les nutriments tels que l'azote, qui, comme il n'est pas un élément hautement réactif, doit être converti soit en ammoniac, soit en oxyde d'azote avant de pouvoir être absorbé et utilisé par un organisme. Cette conversion a pour nom la fixation de l'azote.

Dans la forêt, l'azote est retiré de l'air et fixé dans le sol par des bactéries comme le *Clostridium butyricum*, qui ne peut survivre à des températures supérieures à 82 °C. Or, les feux à la surface, là où les graines de sapins de Douglas dormantes se trouvent le plus souvent, dépassent régulièrement ces températures. Dans son ouvrage *Forest Primeval*, Chris Maser retrace l'itinéraire clandestin par lequel *C. butyricum* est réintroduit dans les couches supérieures du sol après un feu.

Profondément enfouies sous la surface, les truffes, fructifications de plusieurs champignons de la forêt, survivent au feu. La bactérie vit sur la peau de la truffe, en compagnie de spores de levure. Les souris sylvestres *(Peromyscus maniculatus)*, sans doute les rongeurs les plus répandus en Amérique du Nord, sont, en matière de régime alimentaire, éclectiques : elles préfèrent les graines, mais ne dédaigneront pas les noix, les petits fruits, les œufs et les larves d'insectes ou les champignons. Elles aménagent de vastes caches de graines — c'est une cache de noix de pin creusée par une souris sylvestre dans le Sud-Ouest américain qui servit d'incubateur à l'*Hantavirus* mortel responsable de la « *Four Corners Disease*[1] » —, ce qui signifie qu'elles sont profondément attachées à leur territoire et qu'elles y reviendront après en avoir été chassées par un feu, par exemple. Les flammes détruisent cependant la plus grande partie de leurs sources de nourriture habituelles, incluant ces caches de graines. À pas de loup, la nuit, elles déterrent donc les truffes dont elles se gavent — pas désagréable, comme menu — tout en semant derrière elles des granules de matière fécale pleines de *C. butyricum* non digéré. « Ainsi, écrit Maser, le sol brûlé est presque immédiatement réinoculé par les petits mammifères de la forêt qui transportent des spores de truffe, des bactéries fixatrices d'azote et de la levure provenant de la forêt vivante. »

---

1. Cette maladie qu'on nomme aujourd'hui syndrome pulmonaire à hantavirus doit son nom anglais à l'endroit où elle s'est déclarée : là où les quatre coins des États de l'Utah, du Colorado, du Nouveau-Mexique et du Nevada se rencontrent. *(N.d.l.t.)*

Ce « presque immédiatement » comporte sans doute une dose d'exagération, mais elle est minime. Les souris sylvestres et d'autres petits animaux — le nord-ouest du Pacifique abrite la faune la plus diversifiée de toute l'Amérique du nord, et des dizaines d'espèces de taupes, de campagnols, de tamias, de gauphres, de musaraignes, de souris et de rats vivent dans les forêts de sapins de Douglas — s'affairent à transformer la cendre de bois stérile en sol productif. Une étude a révélé que quatre espèces (les musaraignes de Trowbridge, les musaraignes vagabondes, les souris sylvestres et les campagnols rampants) se montraient particulièrement actives dans les zones forestières défrichées ou brûlées. Mais, malgré le concours de ces petites armées d'insectivores et de rongeurs déféquant, il faut parfois attendre de cinquante à cent ans avant que les arbres d'une forêt ne se régénèrent complètement après un incendie majeur.

Les souris sylvestres prennent aussi plaisir à dévorer les graines des sapins de Douglas, pansues, riches en nutriments, et peu susceptibles de passer inaperçues si elles restent à vue trop longtemps. Notre graine est un peu plus fortunée. La fumée produite par l'incendie a saturé l'atmosphère de particules de poussière autour desquelles se sont formées des gouttelettes d'eau et, quelques jours après le sinistre, la pluie baigne la vallée, solubilisant la plus grande partie de la cendre, qui percole ensuite dans le sol. La pluie remplit le lit de la rivière et entraîne pêle-mêle des milliers de graines au bas de la pente, loin de la zone abîmée par le feu. Plusieurs sont emportées jusqu'à la mer où, en se décomposant, elles nourriront les créatures marines. La nôtre, cependant, reste prisonnière d'un remous à l'endroit où la rivière décrit un brusque méandre autour d'un amas de pierres tombées, et se dirige à contre-courant vers la plaine inondable où elle termine sa course quand l'eau se retire. L'ondée qui lave la terre éclaircit aussi le ciel ; lorsque les nuages se dissipent, le soleil paraît et sèche la pluie.

La Terre tourne autour du Soleil, les saisons changent. La température chute et, comme notre graine se trouve à une altitude où la neige est la principale forme de précipitation de novembre à avril, la pluie se change en neige, qui envahit la vallée et recouvre les restes meurtris de la forêt. Désormais seuls les grands troncs dénudés sont noirs, et le fond des traces délicates laissées par les sabots des wapitis et des cerfs de Virginie qui traversent en hâte le secteur, en route vers des pâturages plus accueillants, au bas de la montagne.

La forêt primitive

Après que les glaciers se furent retirés, plus de cinquante pour cent des masses continentales terrestres étaient recouvertes de forêts — tout ce qui n'était pas montagne, toundra, prairie, steppe ou désert était arbre. Les forêts couvraient cent vingt-cinq millions de kilomètres carrés, et comprenaient des forêts pluviales tropicales, des forêts de feuillus tempérées et des forêts de conifères nordiques, ou boréales. À cette époque, la

Terre était la planète verte. Les arbres siphonnèrent les gaz à effet de serre de l'atmosphère pour les remplacer par l'oxygène essentiel à la vie. Ils apportèrent des nutriments et de l'azote au sol, le rendant ainsi propice à l'agriculture. Sans les forêts, la vie animale sur terre serait sans doute encore aujourd'hui principalement marine. Pourtant, à cause de l'activité humaine, ce n'est qu'une très petite portion de ces forêts successives qui est toujours intacte, et on ne sait presque rien de la variété d'espèces qu'elles abritaient autrefois. Quels vertébrés, quels insectes, plantes, champignons et micro-organismes tirent leur existence des peuplements anciens ? Qu'advient-il de la situation météorologique, de l'érosion, du vent et des effets solaires quand de complexes communautés forestières intactes sont remplacées par des terres agricoles ou même par des forêts de seconde ou de troisième génération ? Des études effectuées en Amérique du Sud, en Australie et en Nouvelle-Zélande, en Asie et en Europe commencent à peine à révéler les caractéristiques distinctives des forêts originelles et des espèces qui y vivaient, mais les technologies modernes et les lourds impératifs entraînés par l'explosion démographique, la consommation outrancière et l'économie mondiale anéantissent aujourd'hui des espèces entières avant même qu'on ne les ait découvertes.

Avant l'arrivée des Européens dans le nord-ouest du Pacifique, les forêts de sapins de Douglas occupaient plus de soixante-dix-sept millions d'hectares d'habitat montagneux et côtier, allant, au sud, du centre de la Colombie-Britannique jusqu'au Mexique, et de Cascade Crest, à l'est, jusqu'aux vallées de Willamette et de Sacramento ; elles couvraient et traversaient la chaîne Côtière pour aller presque rejoindre le littoral du Pacifique, où une mince bande d'épinettes de Sitka, de pruches de l'Ouest et de séquoias séparait la forêt de sapins de Douglas de la mer. Il s'agit d'un écosystème relativement jeune. À la fin de la glaciation du Wisconsin, il y a de cela environ onze mille ans, le climat subarctique se tempéra, poussant les grandes forêts d'arbres à feuilles caduques vers l'est et apportant à l'ouest des hivers humides et doux et des étés secs, conditions plus favorables aux conifères. La première espèce à s'installer fut le pin de Murray, qui prévalut pendant des milliers d'années, jusqu'à ce que le climat se réchauffe suffisamment. Puis les sapins de Douglas prirent le relais et, dominant le paysage avec leurs hautes cimes, leurs troncs épais et leurs aiguilles fournies, ils devancèrent largement les autres arbres présents dans leur nouvel habitat — le thuya géant et la pruche de l'Ouest au nord, l'if occidental et le sapin de Vancouver dans les basses terres et les vallées, le pin ponderosa, l'épinette de Sitka, le pin à sucre, le chêne à tan et l'arbousier madrono dans les zones plus au sud. Combinées, ces forêts pluviales tempérées supportent, par hectare, une biomasse plus importante que n'importe quel autre écosystème sur la Terre. Partout sur la planète, les arbres ont mis au point différentes stratégies pour survivre en tirant profit des conditions climatiques, géographiques et écologiques uniques dans lesquelles ils vivaient.

Le sapin de Douglas fait partie des essences pionnières, c'est-à-dire qu'il est à même de s'installer rapidement et efficacement dans une zone inhabitée pour la coloniser, de préférence en en excluant les autres essences, à tout le moins jusqu'à ce que les sapins soient assez hauts pour les ombrager. Des essences plus basses et qui supportent mieux l'ombre peuvent alors trouver refuge sous leurs branches. Toutefois, les sapins de Douglas prospèrent mieux quand un bon incendie vient, à quelques années d'intervalle, nettoyer le bois mort et les buissons qui encombrent leur base, nettoyage qui permet aux jeunes pousses de sapins de croître. Ironie du sort, les arbres moins hauts, pruches, genévriers rouges et sapins, appartiennent tous à des espèces colonisatrices : ils attendent patiemment dans l'ombre que les grands arbres deviennent trop massifs pour leur système racinaire et s'effondrent au sol, après quoi ils pourront s'approprier le territoire.

Au XIXe siècle, le naturaliste John Muir fut le premier botaniste à décrire le sapin de Douglas, qu'il appelait plutôt « épinette de Douglas », ce qui illustre un problème inhérent à la nomenclature. Le sapin de Douglas n'est en effet ni un sapin, ni une épinette, ni un pin, comme on l'a aussi désigné. C'est pourquoi son nom anglais, *Douglas-fir* (c'est-à-dire, littéralement, sapin-de-Douglas), s'orthographie à l'aide d'un trait d'union. Le nom scientifique de l'arbre, *Pseudotsuga menziesii*, n'est d'aucun secours. *Pseudotsuga* signifie « fausse pruche », et *Menziesii* vient d'Alexander Menzies, botaniste du roi à bord du *Discovery* que commandait le capitaine George Vancouver et qui recueillit des jeunes pousses d'arbres tandis que le navire remontait la côte ouest de l'Amérique du Nord.

Si l'on en croit Muir, le sapin de Douglas était « de loin l'épinette la plus majestueuse [qu'il ait] jamais contemplée dans quelque forêt, l'un des plus hauts géants et l'un de ceux qui vivent le plus longtemps parmi tous ceux qui fleurissent le long de la ceinture de pins principale ». Même si la forêt de l'Oregon, où prédominait le sapin de Douglas, était, à ses yeux de Californien, trop dense et trop sombre, la forêt de sapins de Douglas et de pins géants de la haute sierra, où les arbres étaient plus clairsemés et où « à peine vingt pour cent du sol de la forêt n'était pas ensoleillé à midi », semblait divine. « Cette vigoureuse épinette, nota-t-il, est toujours belle, accueillant les vents de la montagne et la neige aussi bien que la douce lumière estivale, et conservant intacte sa fraîcheur juvénile au fil des siècles, après mille tempêtes. » Avant l'arrivée des Européens, les forêts de sapins de Douglas étaient des forêts vierges.

Personne ne sait exactement combien d'habitants peuplaient l'Amérique du Nord avant l'arrivée des Européens, mais des fouilles archéologiques et des analyses d'ADN laissent croire que le continent était densément peuplé, qu'il jouissait d'une riche histoire et abritait des cultures diversifiées longtemps avant que Christophe Colomb n'érige son premier gibet sur la plage d'Hispaniola. On estime aujourd'hui à quatre-vingts millions le nombre de personnes qui vivaient sur le continent américain au XIVe siècle, soit presque autant d'habitants qu'en comptait l'Europe. Parmi ceux-là, une grande partie était établie dans le nord-ouest du Pacifique, pour les mêmes raisons qui font que de nombreuses personnes y vivent aujourd'hui : un climat doux, une pêche abondante, des forêts abritant une faune et une flore luxuriantes et des montagnes qui protégeaient des soucis et des tribulations du reste du continent. On a récemment fait dans des grottes et des îles de la côte, lieux qui n'ont pas été recouverts par des glaciers pendant la glaciation, des découvertes archéologiques qui laissent croire que les ancêtres de ces habitants n'avaient pas, comme on le supposait jusque-là, franchi les montagnes après avoir emprunté le pont de terre du détroit de Behring, mais qu'ils étaient arrivés beaucoup plus tôt par bateau, peut-être de ces îles polynésiennes dont viennent aussi les peuples aborigènes d'Australie. Ils venaient de la mer.

À peu près au moment où notre graine se dorait au soleil dans son berceau protégé, non loin de l'éboulis de pierres et de débris, l'empire aztèque était à bâtir sa capitale, Tenochtitlán, que l'on appelle aujourd'hui México. Il n'y avait pas de tels plans de mégapole dans le nord-ouest du Pacifique, mais la population n'était pas disséminée pour autant. Les Salish de la côte, peuple habitant les basses terres entre l'île de Vancouver au nord et le fleuve Columbia au sud, vivaient dans de petits villages rassemblant chacun environ trois cents membres d'un même clan. Ils tiraient leur subsistance de la pêche au saumon dans les rivières, de la cueillette des palourdes et des huîtres dans les eaux littorales, et du troc, car chaque village était aussi un centre de commerce. Ces villages étaient petits, mais ils étaient nombreux. Chacun comprenait une centaine de familles. Les Salish de la côte utilisaient et respectaient les arbres ; ils fabriquaient des canots, des maisons longues et des monuments funéraires dans des thuyas géants, qui étaient suffisamment volumineux mais plus faciles à abattre et à sculpter que les sapins de Douglas et, plus important encore, poussaient jusqu'au littoral. Ils allaient même jusqu'à confectionner leurs vêtements d'été à l'aide de l'écorce de l'arbre, à la manière des Polynésiens. Comme d'autres peuples partout sur la planète, les membres de ces cultures autochtones côtières savaient tirer profit de leur sens de l'observation aigu, et ils trouvèrent de multiples usages aux arbres qui poussaient sur leur territoire. Ainsi, ils utilisaient les racines de l'épinette pour tresser des paniers, le cèdre pour confectionner des totems funéraires, les branches d'aulne pour fumer le saumon et la résine d'épinette pour oindre les plaies. C'était le peuple de la forêt-saumon.

Washington Irving, qui écrivit sur les Salish de la côte en 1836 — peu de temps après le premier contact avec les Européens —, rapporte qu'« ils avaient l'idée d'un esprit bienveillant et puissant, créateur de toutes choses. Ils le représentaient comme prenant à volonté toutes les formes, et plus habituellement celle d'un énorme oiseau. » Quand cet oiseau se mettait en colère, la foudre jaillissait de ses yeux et le tonnerre claquait sous ses ailes. Ils parlaient également d'une déité secondaire, associée au feu, qu'ils craignaient tout particulièrement.

L'« énorme oiseau » était Corbeau. Corbeau était une sorte de Coyote volant, un Illusionniste changeant de forme à volonté. Comme le racontent Bill Reid, conteur et peintre haïda, et Robert Bringhurst, poète et traducteur, Corbeau existait « avant que quoi que ce soit n'existe, avant que le grand déluge n'ait recouvert la Terre et se soit retiré, avant que les animaux n'aient arpenté la Terre ou que les arbres n'aient recouvert le continent ou que les oiseaux n'aient volé entre les arbres ». Corbeau déroba la lumière et la donna au firmament. Il vola le saumon à Castor et l'offrit aux rivières qui coulent vers la mer. Et après que le Grand Déluge se fut retiré, il découvrit, parmi le sable qui s'était accumulé dans une gigantesque coquille de palourde, une horde de minuscules créatures à deux jambes, dépourvues de plumes et de bec. Il croassa et les êtres en débandade se ruèrent hors de leur coquille, clignant des yeux dans la lumière à laquelle ils n'étaient pas accoutumés. C'étaient les premiers humains.

Une ancienne histoire babylonienne raconte l'histoire de Corbeau et du Déluge. Quand vint le Grand Déluge, le Noé babylonien, Uta-Napishtim, bâtit une arche ; lorsqu'il voulut savoir si les eaux s'étaient retirées, il lâcha une colombe à la recherche de la terre ferme. Ne trouvant nulle part où se poser, la colombe revint à l'arche. Un peu plus tard, Uta-Napishtim dépêcha une hirondelle qui, ne trouvant pas non plus où se poser, revint aussi à l'arche. Alors Uta-Napishtim alla chercher un corbeau, qu'il libéra. Le corbeau s'envola et ne revint pas.

Nous savons maintenant pourquoi. Le corbeau s'était

posé sur une plage du nord-ouest du Pacifique, où il était occupé à tenter de faire sortir les premiers êtres humains de leur coquille de palourde. Les premiers habitants de la côte Ouest, qui étaient venus de la mer.

L'environnement de la graine

Quand la neige se met à fondre, le sol se réchauffe sous notre graine au sein de laquelle la vie se réveille. En cela, elle n'est pas seule : les premières plantes à fleurs ont aussi commencé à s'installer. Les lupins hérissés *(Lupinus micranthus)* se sont mis à pousser plus haut dans la pente, plus près du territoire ravagé par le feu. Comme l'endroit où se trouve la graine a été moins dévasté que les zones plus élevées, le sol qui l'entoure n'est pas aussi dépourvu d'azote, et les lupins s'épanouissent mieux dans un sol pauvre en azote. Parmi eux se trouvent l'épilobe à feuilles étroites *(Epilobium angustifolium)*, plus commun, plante atteignant une hauteur de 3 mètres qui, beaucoup plus au nord, est la première à recoloniser le gravier humide abandonné par le retrait des glaciers : l'épilobe à feuilles étroites aime à la fois le feu et la glace. Les lupins et les épilobes poussent en abondance dans la vallée après l'incendie, mais ici, plus bas, sur le banc de gravier, l'épilobe à larges feuilles *(E. latifolium)*, plus petit et plus rare, se sent davantage chez lui. Il n'atteint que trente centimètres, mais ses fleurs roses à quatre pétales sont d'une couleur plus profonde et plus intense que celles de ses congénères plus grands.

John Muir, traversant une clairière dans la forêt de sapins de Douglas dans l'Oregon, en 1888, écrivit qu'il avait pénétré « dans un charmant jardin sauvage plein de lis, d'orchidées, de bruyère de moût, de roses, etc., aux couleurs si gaies et formant de si somptueuses masses de fleurs qu'en comparaison les jardins de la civilisation, quelque soignés qu'ils fussent, paraissent pathétiques et ridicules », et il est raisonnable de penser que quelques-unes de ces fleurs sauvages prirent racine autour de notre graine en 1300. Les lis étaient peut-être des lis de Colombie *(Lilium columbianum)*, mieux connus sous le nom de lis tigrés, qu'on retrouve partout dans la région, à la fois dans les bois humides et dans les prairies. Bien que leurs pétales orange familiers, couverts de taches marron, n'apparaissent qu'en juin, leurs pointes commencent à percer le sol dès la fin du mois d'avril. Le lis de Philadelphie *(L. philadelphicum)*, lui aussi orange et marron, est également abondant dans la région.

Les orchidées que vit Muir constituent quant à elles une énigme. Les orchidées constituent la plus grande famille de plantes, et comptent plus de trente milles espèces partout dans le monde. Certaines sont saprophytes, membres d'un groupe extrêmement primitif qui se nourrit principalement de végétaux en décomposition ; elles n'ont donc pas besoin de chlorophylle. L'une des orchidées de Muir était très certainement le calypso bulbeux *(Calypso bulbosa)*, qui se plaît sur les sols moussus des forêts, dans l'ombre perpétuelle des grands arbres. Les calypsos bulbeux appâtent les abeilles pour qu'elles viennent se poser sur la grande lèvre inférieure boudeuse de leur fleur rose ; la lèvre supérieure se referme alors, emprisonnant l'abeille à l'intérieur. En se démenant pour tenter de s'extirper de cette fâcheuse position, l'abeille se heurte à l'anthère de la fleur et cueille au passage une masse pollinique qu'elle pourra déposer sur une autre fleur quand elle se sera libérée.

Il semble bien que Muir ait inventé le terme « bruyère de moût », mais la famille de la bruyère comprend des plantes aussi communes que le bleuet *(Vaccinium canadense)*, le sarrasin sauvage *(Eriogonum compositum)* et la busserole *(Arctostaphylos uva-ursi)*, petit arbuste à feuilles persistantes aussi connu (par les commerçants et les trappeurs européens, par qui le mot arriva dans l'Ouest) sous le nom de kinnikinnick, terme ojibwé signifiant « mixture », car les feuilles séchées de l'arbuste étaient mêlées au tabac pour que celui-ci dure plus longtemps pendant les longs voyages. Les fruits étaient aussi séchés, moulus, mêlés à de l'huile de saumon et frits ; ainsi, le mot kinnikinnick n'était peut-être pas inconnu des Salish de la côte. Muir décrit également le cassiope, qui appartient lui aussi à la famille de la bruyère, et se distingue par « des branches rampantes extrêmement minces et des feuilles semblables à des écailles ». Il s'agit d'une toute petite plante qui en juillet « déroule un tapis ininterrompu et frémissant de la floraison la plus exquise, autour des lacs glaciaires, des prairies et sur d'immenses landes sauvages ». Par « roses », Muir pouvait désigner de nombreuses plantes, de la vraie rose à la fraise sauvage *(Fragaria virginiana)*, à la prune indienne, ou *oso berry (Osmaronia cerasiformis)*, à l'imposante barbe-de-bouc *(Aruncus sylvester)*, toutes membres de la famille des rosacées, que l'on retrouve dans les hautes zones boisées et fraîches de la forêt de sapins de Douglas.

Ces plantes à fleurs ne nuiront pas à la graine du sapin de Douglas. Une fois qu'il aura atteint le stade de la gaule, il ne voudra ni ne tolérera beaucoup d'ombre mais, à l'état de graine, il a besoin d'être protégé du soleil brûlant. Comme les graines des autres essences, celle-ci contient déjà tout ce qu'il lui faut pour devenir arbre. Elle a été fertilisée avant même de quitter son cône. Elle a supporté son stade de dormance hivernale obligatoire. Elle est porteuse d'espoir, et renferme toute l'information génétique nécessaire pour exécuter les processus métaboliques de la vie. Enracinée dans un lieu, elle doit en extraire ce qui est essentiel à sa survie : du gaz carbonique de l'air, de l'eau et d'autres éléments du sol, et la lumière du soleil.

La graine repose sur le sol tel un pistolet armé. À l'intérieur de sa robuste enveloppe extérieure, ou tégument, nichées dans l'endosperme, se trouvent une racine embryonnaire (la radicule), une tige embryonnaire (l'hypocotyle) et de cinq à sept feuilles embryonnaires (les cotylédons). L'endosperme et les cotylédons contiennent une réserve de nourriture, sous forme de glucides, qui permettra à la graine de survivre aux premiers jours précaires qui suivront sa germination ; cette réserve alimentera sa croissance jusqu'au moment où, une fois le stade de semis atteint, la plante commencera à procéder à la photosynthèse.

Tandis que le printemps gagne la vallée, deux grands corbeaux s'établissent dans l'un des sapins de Douglas intacts, plus haut que la graine, et descendent souvent au ruisseau pour y boire. Les grands corbeaux *(Corvus corax)* sont des créatures fascinantes. Avec leurs ailes de plus d'un mètre d'envergure, ce sont les plus grands des corvidés, famille qui rassemble les corneilles, les geais et les pies, et ils sont même plus imposants que plusieurs aigles. Ils mangent n'importe quoi, y compris des bourgeons d'arbres l'hiver, mais préfèrent la viande ; ils dépouillent les nids des autres oiseaux de leurs œufs et de leurs oisillons, tout particulièrement dans les colonies d'oiseaux de rivage. Il leur arrive aussi de cueillir une souris sylvestre ici et là. Ils passent beaucoup de temps à arpenter le rivage de la mer ou les berges des rivières, où ils picorent sans distinction toutes les créatures vivantes laissées sur les rives. Les grands corbeaux ne ratent pas les remontées automnales des saumons au cours desquelles ils bataillent avec les aigles à tête blanche et renversent des pierres à l'aide de leur bec pour atteindre les œufs de poisson, lesquels regorgent d'énergie et d'éléments nutritifs. Ils bâtissent leurs grossiers nids de brindilles au bord des falaises ou au sommet des arbres les plus hauts — qui, dans les forêts de sapins de Douglas, sont *très* hauts —, mais gardent leur œil menaçant sur terre, là où se trouve la nourriture. Leurs cris rauques et gutturaux s'inscrivent dans un répertoire étonnamment divers, où figurent aussi des gloussements, des gémissements plaintifs et un magnifique chant grasseyant et mélodique, l'équivalent aviaire d'un Louis Armstrong qui se lancerait soudain dans une chanson à la manière de Bing Crosby.

Bien que ces différents cris soient sans contredit les sons les plus perçants de la vallée, ce ne sont pas les seuls : les grands corbeaux constituent la section des cuivres d'un orchestre dont les notes les plus délicates viennent des grives à dos olive, des viréos à tête bleue, des parulines jaunes et d'autres espèces revenues avec le printemps. Les parulines jaunes appartiennent à la variété alaskienne *(Dendroica petechia rubiginosa)*, une sous-espèce nordique très bruyante qui passe par là en se rendant aux îles Aléoutiennes et dans le sud de l'Alaska. Les parulines mangent comme des touristes pressés, évitent les espaces dégagés et les grands arbres pour fouiller dans les larges frondaisons des buissons bordant le ruisseau et la périphérie de la zone brûlée qui reverdit. Elles sautillent et voltigent dans les branches, picorant des araignées rouges à un rythme formidable, tandis que leurs plumes jaune vif cha-toient dans le soleil.

Un grand pic noir et blanc *(Dryocopus pileatus)*, qui offre une ressemblance extraordinaire avec un fossile volant, peut-être un *Archeopteryx* dont on aurait magiquement restauré les plumes, manifeste un intérêt passionné pour les fourmis char-pentières, mais il ne s'empêchera pas de gober des scolytes, insectes appartenant à la famille qui, dans l'est, est un vecteur de transmission de la fatale maladie hollandaise de l'orme. Ici, ils sont représentés par le dendroctome du Douglas *(Dendroc-tonus pseudotsugae)*, créature au nom menaçant, insecte petit, lui-

Grand pic

sant et noir, particulièrement attiré par les sapins de Douglas sains qui ont été légèrement endommagés par le feu. Au printemps, les femelles forent l'écorce jusqu'à atteindre le cambium, y grugent une galerie d'un demi-mètre de long où elles pondent leurs œufs qui éclosent après quelques semaines ; les larves font alors leur chemin en dévorant le contenu de nouvelles galeries jusqu'à ce qu'elles émergent, adultes, en automne. Agrippé à l'écorce de l'arbre par ses longues serres et assurant sa position à l'aide de sa queue, le pic tourne la tête de côté comme s'il cherchait à discerner le bruit de ce travail de mastication. Ce faisant, il garde l'œil ouvert afin de tenter d'apercevoir des buprestes du sapin *(Melanophila drummondi)*, dont les femelles, plutôt que de creuser dans les arbres, déposent leurs œufs dans des crevasses de l'écorce. Le grand pic arrive sans mal à distinguer leur corps d'un bronze noir, de la forme de celui du scarabée, qui brille au soleil.

La naissance de la botanique

Les Grecs anciens se doutaient que les arbres sont plus complexes qu'il n'y paraît à première vue ; l'un de ceux dont on a conservé les observations est Théophraste, en qui Linné voyait le père de la botanique. Originaire de l'île de Lesbos (aujourd'hui Mytilène), Théophraste fut envoyé à Athènes à l'adolescence pour y recevoir l'enseignement de Platon. À la mort d'Aristote, il hérita non seulement du Lycée et de son immense jardin botanique (qui était aussi le tout premier), mais également de sa bibliothèque — à ce que l'on dit, la plus importante de Grèce. Ainsi, la majorité des informations qui figurent dans les deux cent vingt-sept traités et les deux livres consacrés à la botanique qu'écrivit Théophraste ont presque certainement été tirées des observations d'Aristote sur la fonction, la physiologie et la signification des plantes.

Théophraste raffina et étaya ces observations. Déterminé à ne rien accepter sans preuve, il soupesait soigneusement toutes les informations soumises à son examen, qu'elles lui fussent fournies par le plus insignifiant des *rhizotomi* — les cueilleurs de racines qui approvisionnaient les pharmaciens d'Athènes en plantes médicinales — ou par le Maître lui-même. Aristote avait notamment émis l'hypothèse voulant que si les arbres survivent après avoir été endommagés, c'est qu'ils contiennent quelque « principe vital » présent dans toutes les parties de l'arbre, et que, grâce à cet élan vital universel, ils sont toujours « en partie en train de mourir et en partie en train de naître ». Aristote considérait cependant les arbres essentiellement comme des concepts philosophiques ; il ne parlait pas d'arbres individuels, mais de l'Arbre idéal qui tremblait sur le mur de la caverne de Platon. Aristote n'était pas ce que l'on pourrait appeler un « scientifique de terrain ».

À la différence de Théophraste qui, lui, sortit et observa les plantes. Il les déterra pour scruter leurs racines, disséqua leurs graines et leurs fruits, et les divisa en catégories : arbres, arbustes et herbes. Il remarqua que si certains arbres poussaient dans des régions montagneuses — il mentionnait le sapin, le pin sauvage, l'épinette, le houx, le buis, le noyer et le châtaignier —, d'autres préféraient les basses terres et les plaines : l'orme, le frêne, l'érable, le saule, l'aulne et le peuplier. Il croyait que les pins et les sapins se plaisaient sur les pentes ensoleillées, orientées vers le sud, tandis que les feuillus croissaient mieux sur le flanc ombragé des montagnes. Il remarqua que les feuillus qui poussaient dans des endroits plus frais avaient des troncs droits et non fourchus, tandis que ceux qui se trouvaient en plein soleil étaient plus susceptibles de se diviser en deux ou trois arbres joints à la base.

Même s'il acceptait la notion aristotélicienne d'élan vital, conçu comme la faculté de l'arbre de se réparer après une blessure ou même de survivre une fois déraciné, Théophraste examinait aussi la manière dont cette force se transmettait dans les différentes parties de l'arbre. Il reconnut que la racine était « la partie de l'arbre par laquelle est absorbée l'aliment », et la tige, le véhicule par lequel cette nourriture est livrée aux feuilles. Comme il n'arrivait pas à trouver une fonction à ces dernières, il se demandait si elles étaient de véritables organes ou de simples appendices, mais cela ne l'empêcha pas d'en décrire tout de même des centaines et d'utiliser leurs diverses formes afin de distinguer des espèces différentes ou pour regrouper des plantes apparemment dissemblables en un genre commun. Il divisa les espèces en catégories binomiales — c'est-à-dire en utilisant des noms en quelque sorte à deux tiroirs. Il écrivit sur la germination de la graine et le développement des jeunes pousses, remarquant, avec raison, que la radicule s'éveillait la première dans l'enveloppe de la graine, suivie de la tige. Théophraste était un authentique scientifique de terrain doué du sens de l'observation, et il continua de faire autorité en matière de botanique jusqu'au Moyen Âge et même au-delà. Au moment où notre arbre commençait sa vie, l'ensemble des connaissances sur la morphologie des plantes se résumait à ce que Théophraste en savait.

Dioscoride est le deuxième grand nom de la botanique grecque. Né en Cilicie, sur la côte méditerranéenne, à peu près au même moment que le Christ, Dioscoride était médecin dans l'armée romaine. En 50 après Jésus-Christ, il se trouvait probablement en Égypte, où il avait sans doute accès à la bibliothèque d'Alexandrie, maintenant disparue. Son seul écrit, *De materia medica*, qui présente les propriétés pharmacologiques de plus de six cents plantes, semble avoir été destiné aux médecins et même aux citoyens ordinaires, contrairement aux ouvrages de Théophraste, plus savants. Dioscoride s'attachait moins à tenter de découvrir pourquoi les plantes avaient des pouvoirs curatifs qu'à instruire les gens du commun de la manière de les préparer et de les utiliser le plus efficacement possible.

Plusieurs remèdes à base de plantes prônés par Dioscoride sont toujours employés aujourd'hui, dont l'huile d'amande, l'aloès, la belladone, la calamine, le gingembre, le genièvre, la marjolaine et l'opium. Dioscoride décrivit également des médicaments tirés d'animaux et de minéraux. Son œuvre fut citée comme autorité suprême jusqu'au XVIIᵉ siècle, même par les médecins du nord de l'Europe, où l'on ne trouvait guère les plantes qu'il décrivait. *De materia medica* en vint à incarner une partie de la doctrine médicale, au même titre que la Bible constituait le dogme religieux. Le livre, offert en différentes traductions latines, était toujours disponible et considéré comme un ouvrage de référence. En 1300, l'historien naturaliste italien Pietro d'Abano reprit les enseignements de Discoride à Paris et, une fois revenu à Padoue, épousa farouchement le credo de celui-ci, qui proclamait l'importance de rechercher des causes naturelles à tous les phénomènes naturels — si farouchement, en fait, qu'il fut accusé d'hérésie pour avoir osé remettre en question le caractère miraculeux de la naissance du Christ; il mourut cependant avant d'avoir pu subir son procès. Son destin illustre non seulement le fossé grandissant qui séparait science et religion, mais aussi les retentissements considérables que peut avoir la simple étude des plantes dans des domaines qui n'ont apparemment rien à y voir. Quarante ans après la mort d'Abano, en 1315, ses textes furent condamnés et on exhuma son corps pour le brûler.

Sous l'abri que lui procurent les premières feuilles des plantes à fleurs sauvages, la graine amorce le processus alchimique consistant à absorber les éléments fondamentaux présents dans l'air, la lumière du soleil et l'eau pour les transformer en vie. Tout ce dont elle a besoin pour commencer, c'est d'un peu de chaleur et d'humidité — ce qui, sur une pente orientée plein sud de Puget Trough, dans le nord-ouest du Pacifique, n'est pas une mauvaise définition du printemps.

Chapitre 2 Enracinement

Là-haut, sur la pente orientée vers le sud où s'est logée notre graine, l'eau, la chaleur et l'oxygène sont présents en abondance. Autour de la graine, tout grouille de vie. Tels des grains de poussière scintillant dans le soleil, des insectes émergent du sol et brillent un instant dans les rais de lumière qui filtrent sous le couvert des frondaisons. L'air résonne de leur bourdonnement. À la manière de quelque serpent

I am the voice of wind and wave and tree,
Of stern desires and blind,
Of strength to be...

CHARLES G. D. ROBERTS, « Autochton »

mythique, les grandes fougères *(Pteridium aquilinum)* déroulent leur tête et déploient leurs feuilles gigantesques. Des touffes d'holodisques *(Holodiscus discolor)* percent le sol ; elles atteindront trois ou quatre mètres, et leurs longues branches croulent déjà sous les boutons de fleurs couleur crème. La vie dans la forêt de sapins de Douglas n'est pas seulement abondante, elle est aussi colossale.

Notre graine est maintenant parfaitement réveillée, et prête pour ce qui l'attend. La radicule s'agite dans le tégument.

Ce sera la première partie de la plante à émerger, après qu'elle aura fait son chemin à travers le micropyle, une minuscule ouverture dans l'enveloppe de la graine. La radicule porte une coiffe racinaire, sorte de casque de sécurité cellulaire assez lâche qui protège la délicate pointe de la racine des dommages qu'elle pourrait subir en s'enfonçant dans le sol dur. La racine croît grâce à la division cellulaire, en se multipliant sous cette coiffe protectrice. À l'intérieur de la racine, les cellules se différencient pour constituer différents types de tissus. Le centre, ou le cœur, contient le xylème, un tissu formé de séries de longues cellules creuses interconnectées que l'on appelle trachéides. Ces trachéides, fermées à chaque bout à la manière de capsules miniatures, servent à la fois à supporter la structure et à transporter l'eau, laquelle pénètre dans le xylème par la paroi de la racine, ou endoderme. L'eau suinte par de petits trous dans les membranes des trachéides, puis continue son chemin de trachéide en trachéide dans le reste de la plante.

On ne comprend pas encore tout à fait le processus de circulation de l'eau dans les arbres. Chez un arbre adulte, les colonnes de trachéides, qui vont des racines jusqu'aux branches les plus hautes, transportent l'eau à une altitude de plus de cent mètres. Dans de minces conduits, l'eau peut être attirée par les côtés sous l'effet de la tension de surface, phénomène que l'on nomme action capillaire, mais ce processus ne peut guère soulever le liquide de plus de quelques millimètres. L'osmose, propension de l'eau à se déplacer d'une solution diluée vers une solution plus concentrée en sels, explique pourquoi l'eau est aspirée du sol par les cellules des racines, mais le mécanisme qui la mène ensuite aux feuilles ou aux aiguilles n'en demeure pas moins un mystère. L'hypothèse qui remporte actuellement le plus de suffrages veut que l'eau qui s'évapore par les feuilles laisse derrière elle un vacuum, et que ce soit ce vacuum qui fasse monter l'eau dans le xylème. Il est également possible que des mécanismes de pompage poussent ou tirent activement des molécules d'eau. Quand une colonne de xylème est perforée — par des insectes qui creusent des tunnels, par exemple — l'air s'y engouffre, et la colonne cesse de transporter de l'eau pour le reste de la vie de l'arbre.

Le deuxième type de tissu a pour nom phloème. Celui-ci, semblable au xylème, est plutôt formé de cellules criblées, lesquelles sont aussi liées bout à bout le long du système de racines. Ces cellules criblées remplissent une fonction similaire à celle des trachéides dans le xylème, à cette différence près que le liquide s'y déplace dans les deux sens, amenant les nutriments stockés dans les cotylédons (et, plus tard, dans les feuilles ou les aiguilles) jusqu'aux racines. Ainsi, trachéides et cellules criblées sont semblables à des ascenseurs qui montent et descendent le long de ces gratte-ciel que sont les arbres.

Une vie secrète

Notre arbre a entamé sa vie secrète. Secrète pour nous, à tout le moins, dans la mesure où, après des millénaires d'étude, nous ignorons toujours nombre de choses sur les arbres. Parmi ces zones d'ombre figurent des questions matérielles, le nombre d'hormones que produit un arbre, par exemple. Mais il est aussi des interrogations dont l'objet est moins tangible. Les arbres sont-ils des êtres solitaires ou atteignent-ils à leur vraie nature en s'associant à d'autres plantes et à des animaux ? Les scientifiques croient que les deux hypothèses recèlent une part de vérité.

Les arbres sont des êtres collectifs, parfois au point d'en devenir quasi communautaristes : ils poussent en groupe de plusieurs individus, comme mus par un désir de réconfort ou de protection. Ils entretiennent des relations — notamment des relations sexuelles, par le biais de la pollinisation croisée — et vont jusqu'à communiquer avec d'autres arbres qui font partie du même peuplement, qu'ils appartiennent à la même essence qu'eux ou à une essence différente ; ils fonctionnent au bénéfice de la communauté de manière parfois étonnante, et forment des partenariats fondés sur la réciprocité avec d'autres espèces — espèces quelquefois si éloignées qu'elles appartiennent à un ordre différent — aussi couramment que les êtres humaines cultivent les haricots pour les manger. Dans *L'Arbre,* John Fowles écrit : « Bien plus encore que nous, [les arbres] sont des êtres sociaux, pour qui vivre comme des spécimens isolés n'est pas plus naturel que, pour un homme, vivre en Robinson sur une île déserte ou en ermite dans la montagne. » Pour comprendre un arbre, il faut comprendre la forêt.

Il demeure que certains arbres font effectivement figure de naufragés. Quand Mark Twain se rendit en canot dans une île volcanique au milieu du lac Mono, en Californie, juste au nord de ce qui est maintenant le parc national Yosemite, il y découvrit un paysage dévasté par les éruptions volcaniques qui s'y étaient succédé, « rien que des cendres grises et de la pierre ponce, écrivit-il, dans lesquelles on s'enfonce jusqu'aux genoux à chaque pas ». Il n'avait jamais vu un terrain aussi désolé et dépourvu de vie. Au centre de cette île était « un large bassin peu profond tapissé de cendres avec, ici et là, un peu de sable fin ». Non loin d'un jet de vapeur émanant encore du volcan actif, toutefois, Twain découvrit « le seul arbre de l'île, un petit pin de la forme la plus gracieuse et de la symétrie la plus parfaite ». L'arbre tirait avantage de sa proximité avec le volcan « puisque la vapeur serpentant sans cesse entre ses branches les gardait humides ». Il n'y a pas de preuve plus convaincante de la persistance de la vie, et d'une vie qui se suffit à elle-même, que ce pin solitaire au cœur de ce bassin infernal desséché.

Quelque sociable qu'il soit, l'arbre est aussi profondément individualiste ; en effet, au bout du compte, les orientations fondamentales que prendra un arbre au cours de sa vie seront tout naturellement dictées par sa survie ou celle de ses rejetons. Lorsqu'il est question de survie, un arbre est un système fermé. S'il a la chance de tomber initialement dans un environnement qui favorise la croissance, chaque arbre possède ou peut obtenir tout ce dont il a besoin pour parvenir à ses fins à la fois simples et spécifiques : vivre assez longtemps et en assez bonne santé pour produire des rejetons qui porteront une partie de son bagage génétique dans l'avenir. Une forêt n'est pas qu'une foule d'arbres ; c'est aussi une communauté formée d'organismes distincts. Mais chacun des arbres qui la composent peut distinguer l'individu de la foule ou, comme l'explique Fowles, l'« isoler de la masse ». Du point de vue d'un sapin de Douglas, la masse, c'est ce qui est consumé par le feu.

Si l'arbre fait partie d'une communauté, il est lui-même une communauté formée de parties disparates : racines, tronc, branches, aiguilles, cônes, cœur et écorce. Son autonomie découle de ce qu'il a développé, avec le temps, un réseau qui relie tous ses membres de façon relativement constante. Non seulement il lui faut acheminer l'eau depuis le sol jusqu'aux feuilles et faire parvenir les nutriments des feuilles jusqu'aux racines, mais d'autres composés doivent aussi être véhiculés avec efficacité — peut-être même avec plus d'efficacité que l'eau et la nourriture.

Par exemple, chez un sapin de Douglas mature, le transport de l'eau des racines jusqu'aux branches les plus hautes peut prendre trente-six heures ; il va sans dire que les composés destinés à bloquer une invasion d'insectes ou à soigner un membre cassé doivent être acheminés plus rapidement. Le corps humain dispose de nombreux systèmes qui permettent à ses différentes parties de communiquer et de transmettre de l'information : un système nerveux central, un système nerveux sympathique, un système lymphatique, un système immunitaire. Les arbres, qui existent depuis beaucoup plus longtemps que les hommes, depuis beaucoup plus longtemps que les mammifères — non seulement la Terre compte plus d'espèces de plantes que d'espèces de mammifères, mais il existe presque autant d'espèces d'*orchidées* que d'espèces de mammifères —, ont aussi mis au point des systèmes complexes servant à réguler leur croissance, leur entretien, leur réparation et leur défense. Théophraste n'était pas entièrement dans l'erreur quand il devinait qu'un « principe vital » coulait dans leurs veines ; pas plus que Nehemiah Grew, botaniste britannique qui écrivit, en 1682, dans *The Anatomy of Plants* que le pollen « tombe sur l'étui de la graine ou matrice, qu'il touche d'une vertu prolifique et d'effluves vivifiants ». Ces deux auteurs tentaient d'exprimer l'intuition qu'ils avaient de la mystérieuse force vive qui donne naissance à l'arbre, mais nous n'avons acquis que récemment une certaine compréhension de cette force.

Les premiers « effluves vivifiants » dont on prouva scientifiquement la présence dans le système secret de l'arbre furent les auxines, hormones de croissance qui stimulent la division, la croissance et la différenciation des cellules. L'Allemand Julius von Sachs, éminent physiologiste et théoricien des plantes, démontra le premier que les graines des plantes emmagasinent des nutriments sous forme d'amidon, que l'amidon est le premier produit détectable de la photosynthèse, et que la croissance cellulaire joue un rôle plus important que la division cellulaire dans le processus de développement des racines. En 1865, il suggéra que « des substances spécifiquement destinées au développement des organes », responsables de la formation des fleurs et des graines, étaient produites dans les feuilles. Il ne parvint jamais à les isoler ni même à les identifier, mais il exerça une influence si importante qu'une génération entière de scientifiques botanistes se mirent en quête de ces substances, et les prédictions de von Sachs finirent par être confirmées.

La révélation se produisit en 1920, au sein d'un groupe de chercheurs de l'Université d'Utrecht, en Hollande, travaillant sous la direction du botaniste hollandais Friedrich Went. L'École d'Utrecht s'était donné pour mission de comprendre le phénomène de tropisme chez les plantes : comment se faisait-il que les plantes répondent à diverses influences externes, telles que la lumière (phototropisme), l'eau (aquatropisme) et la gravité (géotropisme) ? Comment se faisait-il que la racine d'une plante pousse toujours vers le bas quand elle émerge d'une graine, même si cette dernière est tombée à l'envers sur le sol ? La théorie généralement acceptée voulait que la racine soit géotropique — c'est son propre poids qui l'aurait tirée vers le bas. Mais, si tel était le cas, raisonnèrent les chercheurs, comment expliquer que la racine cesse de pousser vers le bas et se mette à pousser à l'horizontale ? En effet, bien que la plupart des arbres, incluant le sapin de Douglas, aient une racine pivotante centrale un peu semblable à une carotte, plus de quatre-vingt-dix pour cent du système racinaire d'un arbre se déploie latéralement à moins d'une vingtaine de centimètres de la surface du sol. Et si les plantes étaient géotropiques, comment expliquer que leur tige pousse toujours vers le haut, défiant la gravité ?

Les chercheurs de l'École d'Utrecht découvrirent que les organes des plantes, notamment les feuilles et les bourgeons, produisent des hormones — les auxines — qui descendent avec les nutriments dans le phloème le long de la tige de la plante pour se concentrer dans des zones qui nécessitent une croissance rapide. Chez de jeunes arbres comme le nôtre, ces zones se situent sous la coiffe racinaire et dans la tige embryonnaire, qui commencent à montrer des signes de vie.

Les auxines voyagent de l'enveloppe de la graine au cœur de la racine aussi bien que dans l'embryon de tige, mais elles ne se distribuent pas également dans les cellules de l'une ou l'autre structure ; comme il s'agit de molécules volumineuses, donc sujettes à subir la force de la gravité, elles se concentrent dans les moitiés inférieures, comme du sable mêlé à de l'eau coulant dans un tuyau horizontal tendrait à se déposer dans le fond. Trois propriétés spécifiques des auxines jouent également un rôle important dans le phénomène de croissance. D'abord, si une concentration suffisante d'auxines encourage la division cellulaire et, par le fait même, la croissance, une concentration trop élevée aura plutôt pour conséquence d'inhiber la croissance. Ensuite, la concentration d'auxines nécessaire pour stimuler la croissance de la racine est beaucoup plus faible que celle nécessaire à la croissance de la tige. Enfin, la lumière du soleil a des effets néfastes sur la capacité des auxines de favoriser la division cellulaire. Combinées, ces trois propriétés expliquent qu'une racine pousse toujours vers le bas, tandis qu'une tige pousse toujours vers le haut. Les auxines de la racine s'accumulent dans la moitié inférieure en concentrations si élevées qu'elles inhibent la division des cellules qui y sont sensibles ; ainsi, la moitié supérieure de la racine, où les concentrations d'auxines sont plus faibles, pousse plus vite que la moitié inférieure, et la racine se courbe vers le bas. Pendant ce temps, les auxines accumulées au fond de la gemmule encouragent la croissance, tandis que la lumière du soleil qui tombe sur sa moitié supérieure inhibe la croissance de celle-ci, et ainsi la tigelle pousse vers le haut. Le résultat est une plantule dont la racine pousse vers le bas et la tige s'élève vers le soleil. Au fur et à mesure que la tige s'étire, ses auxines se redistribuent de manière plus égale et elle se redresse.

Les hormones végétales se présentent sous différentes formes. L'acide indol-acétique, par exemple, est utilisé par les producteurs de fruits, qui le pulvérisent sur leurs vergers dans le but de favoriser une croissance uniforme. L'éthylène est un autre type d'hormone, aussi employé pour accélérer le mûrissement des fruits. L'herbicide synthétique 2,4-D est également une auxine, qui tue certaines plantes à larges feuilles et en épargne d'autres. Une auxine apparentée, 2,4,5-T, contient de la dioxine, un composé qui provoque des fausses couches, des malformations congénitales et diverses dysfonctions chez les êtres humains. En mélangeant du 2,4-D à du 2,4,5-T, on obtient de l'Agent Orange.

Pendant des siècles, les philosophes naturalistes ont cherché à saisir ce qui différenciait les êtres vivants des objets inanimés. Comment distingue-t-on la vie de la non-vie ? Comme nous l'avons vu, la vie a débuté sous la forme d'un agrégat de molécules non vivantes. Les vitalistes croyaient qu'il existait chez les organismes vivants une sorte d'élan insufflant l'esprit, une substance physique qui animait la matière non vivante et la quittait à la mort. Ils pesèrent un organisme vivant, le tuèrent et le pesèrent de nouveau dans l'espoir de mesurer la masse de cet élan vital. On désignait souvent l'air comme le souffle et l'esprit, puisque sans air il n'y avait pas de vie. La langue a gardé des traces de cette croyance : inspirer, c'est à la fois faire entrer de l'air dans ses poumons et animer d'un élan divin ; expirer, c'est expulser l'air des poumons, mais c'est aussi mourir.

Les premiers chimistes comprenaient que la vie repose sur des molécules de protéines, d'acides nucléiques, de lipides et de glucides — toutes formées à partir de carbone. Ils supposaient toutefois que seuls les organismes vivants pouvaient créer des molécules complexes à base de carbone, hypothèse qui subsista jusqu'en 1828, lorsque le chimiste allemand Fritz Haber, en mélangeant de l'ammonium et du cyanate, synthétisa de l'urée, un composé organique présent dans l'urine.

Quelques années plus tard, son élève Hermann Kolbe fabriqua de l'acide acétique, un autre composé organique. Il était désormais évident que la chimie pouvait reproduire en éprouvette les processus chimiques caractéristiques de la vie.

Quand sir Isaac Newton (1642-1727) révolutionna la physique avec ses études sur l'optique et la gravité, il percevait l'univers comme une immense construction mécanique, une sorte d'horloge géante que les scientifiques pouvaient sonder en examinant ses différentes parties. Il instaura une nouvelle méthodologie scientifique, connue sous le nom de réductionnisme. Les prémisses de cette approche voulaient qu'il soit possible, en assemblant comme les pièces d'un casse-tête les découvertes résultant de l'étude de différents aspects et de différentes parties de la nature, de finir par expliquer le fonctionnement du cosmos dans son entier. Le réductionnisme a été un outil précieux pour examiner la nature. Cependant, en étudiant les parties des organismes vivants, les scientifiques découvrirent qu'elles étaient elles-mêmes constituées de parties plus petites (des molécules), lesquelles consistaient en assemblages d'atomes, qui, eux, étaient formés de quarks, les composants irréductibles de toute matière — du moins, selon ce que l'on en sait aujourd'hui. Au niveau du quark, rien ne distinguait plus le vivant du non-vivant. Rien, dans ces structures les plus élémentaires, ne pouvait expliquer l'apparition des complexes processus de développement, de différenciation ou de conscience. La biologie et la médecine modernes s'inspirent toujours de la prémisse réductionniste, et continuent d'examiner les parties dans l'espoir de pouvoir additionner les résultats pour expliquer le tout.

La vie elle-même réfute le réductionnisme et proclame que le tout est toujours plus grand que la somme des parties. L'apparition de la vie à partir de la matière inanimée signifie que si nul élan vital ou esprit n'est présent dans les plus infimes particules de matière, la vie résulte alors de l'interaction des parties non vivantes, synergie qui donne lieu à des propriétés telles que la respiration, la digestion et la reproduction.

Très chers champignons

« Nous voilà arrivés, écrit Alexandre Dumas dans son *Grand Dictionnaire de cuisine*, en 1869, au *sacrum sacrorum* des gastronomes, à ce nom que les gourmands de toutes les époques n'ont jamais prononcé sans porter la main à leur chapeau, au *tuber cibarium*, au *lycoperdon gulosorum*, à la truffe. »

« Faire l'histoire des truffes, poursuit Dumas, serait entreprendre celle de la civilisation du monde », mais il ne s'empêche pas pour autant de se livrer à l'exercice. Les truffes étaient connues des Romains, explique-t-il, mais, avant cela, elles étaient dégustées par les Grecs, qui les importaient de Libye. Il semblerait bien qu'elles ne soient jamais passées de mode. Quand John Evelyn, mémorialiste anglais, auteur de *Sylva, or a Discourse of Forest Trees*, se rendit en France en 1644, il consigna dans son journal s'être arrêté dans le Dauphiné où il « soup[a], entre autres choses, d'un plat de Truffes, qui sont une sorte de noix de terre découverte par un cochon entraîné à cette fin, ce pourquoi ces Créatures sont vendues à fort prix ».

Le *Tuber cibarium* de Dumas est en réalité la truffe de l'authentique gourmet, *T. aestivum*, mais son *Lycoperdon gulosorum* est sans doute plutôt *L. gemmatum,* la vesse-de-loup gemmée, laquelle est noueuse comme la truffe et comestible lorsqu'elle est jeune. Après avoir été déterrés par les truies (seuls les cochons femelles pouvaient être entraînées pour cette tâche), les champignons étaient mélangés à du foie d'oie pour en faire du pâté de foie gras ou apprêtés de nombreuses façons plutôt étonnantes. La truffe était plus qu'une simple toquade : en Europe, elle devint le symbole de la supériorité culturelle française. La truffe était censée constituer un aphrodisiaque aussi puissant que les huîtres ou le pouvoir absolu. « Les hommes de goût sensuels, nota un mondain italien du XVe siècle, les consomment afin d'aiguiser leur appétit pour l'amour. » Il s'avère que les truffes ont effectivement des vertus aphrodisiaques — du moins pour les truies : elles contiennent deux fois plus d'androstérone, hormone mâle, que le cochon moyen, et ainsi les femelles qui les débusquent sont probablement à la recherche de quelque chose de plus qu'un bon repas.

Ce fruit dégageant une puissante odeur d'hormones mâles s'inscrit dans la stratégie de reproduction du champignon. La truffe est remplie de spores ; lorsque celles-ci sont prêtes à être libérées dans l'air — exploit malaisé pour un organisme souterrain —, la truffe émet sa phéromone andro-stéroïde, et un animal femelle (dans les bois, ourses, héris-sonnes et dames souris n'ont nul besoin d'être entraînées) arrive sur les lieux, déterre le champignon, le mange et défèque les spores qui, protégées par une solide enveloppe extérieure, ont traversé intactes les entrailles de l'animal : émission accomplie.

Vers la fin du XIXe siècle, le roi de Prusse demanda au mycologue A. B. Hatch de trouver un moyen de cultiver des truffes, dans le but de ravir à la France le monopole du com-merce du précieux champignon, lequel reposait sur les truffes sauvages. Tel un paléontologue qui exhume une cache d'os, Hatch déterra précautionneusement un système fongique souterrain. Il découvrit que les champignons parents ne pous-saient pas seuls dans le sol, mais qu'ils se fixaient aux fines racines des arbres qui les entouraient — dans ce cas, surtout des chênes. Le champignon et la racine croissaient de concert presque jusqu'à se fondre l'un dans l'autre pour former un seul organisme. Hatch nomma cette forme de vie composée myco-rhize, ce qui signifie champignon-racine. Il s'interrogea sur la nature d'une association aussi singulière ; en effet, abstraction faite des truffes et des autres champignons comestibles, les êtres humains ont un rapport plutôt antagonique aux cham-pignons. Nous les associons — à raison — à la pourriture et à la maladie. En plus de causer quelques affections fongiques bénignes telles que le pied d'athlète, les infections à levures et les pellicules, les champignons sont aussi responsables de trois types de pneumonies et d'une forme de méningite. De plus, de nombreuses maladies des plantes sont provoquées par des invasions de champignons. Nous serions donc portés à croire qu'une plante dont la racine est « infectée » par un champignon s'affaiblirait et finirait par succomber à la maladie. Dans un arrangement mycorhizien, cependant, le champignon et la racine profitent tous deux de l'expérience.

Dans les années 1880, le scientifique français Louis Alexandre Mangin poursuivit les recherches de Hatch, s'intéressant surtout à la respiration des plantes et au développement de leurs racines. Mangin observa que certains champignons avaient des affinités particulières avec certaines espèces végétales ; quelques-uns ne croissaient que sur les racines des arbres, tandis que d'autres semblaient préférer les plantes herbacées. Quelques années plus tard, comme il investiguait la propagation des orchidées, un autre botaniste français, Bernard Noël, fit une avancée importante en matière de relation mycorhizienne : il découvrit que toutes les orchidées dépendaient des champignons pour se nourrir. Autrement dit, chez la plus vieille lignée de plantes sur terre, la relation mycorhizienne était obligatoire, puisque, sans leurs partenaires fongiques, les orchidées flétrissent et meurent.

On croit aujourd'hui que les relations mycorhiziennes, si elles ne sont pas absolument nécessaires, sont à tout le moins extrêmement répandues ; très peu d'espèces végétales croissent sans partenaire fongique, et celles qui peuvent compter sur un tel partenaire ne s'en portent que mieux. Des fossiles laissent croire que cette dépendance existait déjà il y a quatre cents millions d'années, chez les premières plantes à prendre d'assaut les continents. « En fait, écrit Chris Maser, les plantes terrestres sont probablement le fruit d'une symbiose entre un champignon marin et une algue photosynthétique. » Puisque les plantes marines qui gagnèrent les continents n'avaient pas de racines, elles durent vraisemblablement utiliser des champignons pour obtenir l'eau et les minéraux nécessaires à leur survie sur la terre ferme. Les champignons, quant à eux, avaient besoin des plantes à cause de la nourriture qu'elles produisaient par le biais de la photosynthèse.

Il existe quelque quatre-vingt-dix mille espèces de champignons, tous incapables de fabriquer leur propre nourriture puisque, contrairement aux plantes, ils sont dépourvus de chloroplastes. Comme ils ont cependant besoin d'énergie, sous la forme de sucres, pour se reproduire, les champignons mycorhiziens pénètrent les racines de plantes vivantes pour dérober du sucre à la plante hôte. En fait, ils absorbent de si grandes quantités de sucre qu'ils en deviennent gigantesques. Si l'histoire s'arrêtait là, le champignon serait un parasite et l'arbre finirait par mourir. Mais le champignon rend la pareille : en échange des sucres qu'il soutire à l'arbre, il offre aux racines de ce dernier, par le biais de son vaste réseau d'hyphes, accès à de l'eau et à des nutriments que l'arbre aurait été incapable d'atteindre et d'extraire de la matrice minérale.

L'arbre est prisonnier de l'endroit où sa graine s'est posée et où a poussé sa racine originelle, liant son sort à un lieu unique. Après cela, il ne peut fuir les prédateurs ou les invasions, aller chercher de la nourriture ailleurs ou migrer vers un climat plus favorable. Ses racines, en s'étendant, devront trouver de l'eau et des nutriments dissous, tout en ancrant l'arbre de manière qu'il résiste aux assauts du vent, de la pluie et des inondations. L'efficacité des racines dépend de la distance à laquelle elles s'enfoncent aussi bien que de leur surface qui entre en contact avec les substances dans le sol. Le coussin d'hyphes fongiques augmente considérablement le volume de sol qu'un arbre arrive à explorer ; il absorbe l'eau, qu'il transmet à l'arbre. Les hyphes parviennent plus efficacement que les racines à extraire des nutriments essentiels, tels que le phosphore et l'azote, qu'ils échangent ensuite avec l'arbre contre du sucre. De plus, ils sécrètent des enzymes qui décomposent les matières azotées présentes dans le sol et tuent même parfois des insectes pour absorber les oligo-éléments qu'ils contiennent, lesquels sont ensuite transférés à l'arbre.

Les relations champignon/orchidée sont endotrophes, ce qui signifie que le champignon pénètre les cellules du rhizome de l'orchidée pour croître à l'intérieur. Près de 300 000 espèces végétales entretiennent des relations mycorhiziennes endotrophes avec seulement 130 espèces de champignons. Les relations champignon/arbre, quant à elles, sont plutôt ectotrophes, puisque le complexe réseau d'hyphes, qui a pour nom mycélium, forme un manteau qui recouvre l'extérieur de la racine, telle une pellicule de gaze, et remplit les vides entre les cellules du cortex de la racine sans y pénétrer, pour former ce qu'on appelle un réseau de Hartig. Comme l'explique Jon Luoma dans *The Hidden Forest* : « Les mycologues estiment aujourd'hui que les champignons mycorhiziens relient efficacement les arbres à une aire de sol mille fois plus importante que celle qu'atteindraient les seules racines. » À l'intérieur de cette aire, la concentration d'hyphes est très forte. Un litre de sol extrait d'une masse mycorhizienne contient plusieurs kilomètres d'hyphes étroitement compactés. Il n'existe que deux mille espèces végétales ectomycorhiziennes, mais elles ont des relations avec quelque cinq mille espèces de champignons.

Les champignons mycorhiziens confèrent à leur arbre-hôte une extraordinaire résistance face aux sécheresses, aux inondations, aux canicules, aux disettes de nutriments dans le sol, au manque d'oxygène et à d'autres sources de stress possibles. Des études montrent que les champignons protègent même les arbres contre l'invasion d'autres espèces de champignons potentiellement nocifs : quand le champignon mycorhizien *Paxillus involutus* s'introduit dans le pin rouge, par exemple, il produit une fongitoxine qui double presque la résistance de l'arbre à la moisissure fusariose. Le champignon a tout intérêt à faire en sorte que sa source de sucre soit heureuse et en bonne santé, de manière qu'elle continue à produire la précieuse substance.

Les sapins de Douglas nouent des relations ectomycorhiziennes avec plus de deux milles espèces de champignons.

Plusieurs sortes de champignons peuvent se fixer aux différentes parties du système racinaire d'un même arbre, surtout si ses racines se déploient dans des types de sols différents. Certains champignons sont spécifiquement associés à des espèces d'arbres. *Suillus lakei*, par exemple, est un champignon brun rouge qu'on trouve presque uniquement sous les sapins de Douglas ; il est comestible, bien qu'il puisse devenir quelque peu visqueux en fin de saison. Le lacaire améthyste semble également se plaire tout particulièrement à l'ombre des sapins de Douglas, mais on le retrouve aussi sous les pins et d'autres végétaux ligneux.

Le partenariat le plus étrange entre une plante et un champignon est sans doute celui qui unit le monotrope uniflore *(Monotropa uniflora)*, une plante à fleurs, et le champignon bolet *(Boletus)*, qui s'attache à ses racines. Le monotrope uniflore pousse dans les régions boisées humides de l'ensemble de l'Amérique du Nord, y compris le nord-ouest du Pacifique — des spécimens croissent tout autour de notre arbre, leurs tiges légèrement rosées et leurs têtes penchées pointant tels des vers tristes et pâles au-dessus de la litière de la forêt. Dépourvu de chlorophylle (il vire au noir lorsqu'il parvient à maturité), il ne produit de sucres ni pour lui ni pour son partenaire mycorhizien, et pourtant le bolet est là. Il se trouve que le champignon fixé aux racines du monotrope uniflore se fixe également aux racines de conifères voisins, tels que les sapins de Douglas ; le bolet siphonne des nutriments du conifère pour les transférer directement au monotrope uniflore.

Champignon mycorhizien

Personne ne sait ce que le monotrope offre en retour au champignon ou au sapin de Douglas — ni même s'il leur offre bien quelque chose en retour. Il est possible qu'il ne contribue rien du tout ; si tel est le cas, il s'agirait de l'un des très rares cas où, dans la nature, on peut dîner sans payer.

Du sol fertile

Comme les arbres, les idées ont besoin d'un riche terreau pour prospérer et, même dans ces conditions, elles peuvent prendre aussi longtemps à parvenir à maturité que le sapin de Douglas. Pendant la première moitié du XIIIᵉ siècle, une véritable révolution vint bouleverser la pensée scientifique européenne, sous l'égide de l'empereur Frédéric II, du Saint Empire romain germanique. Au Moyen Âge, les ouvrages des Grecs anciens avaient été perdus ou bannis par l'Église et les penseurs romains n'avaient guère apporté de contributions significatives à l'avancement des connaissances scientifiques. Au cours du règne de Frédéric II, les textes grecs furent redécouverts, traduits en latin et rendus disponibles à une population de plus en plus lettrée. Parmi ces textes se trouvaient des œuvres d'Aristote, d'Euclide, de Ptolémée, d'Archimède, de Dioclès et de Galien. Des ouvrages arabes de médecine, d'astronomie, d'optique et de chimie étaient également lus et commentés, surtout dans leurs traductions latines. Pendant plus de douze siècles d'interdiction ecclésiastique romaine, les textes « scientifiques » approuvés par l'Église consistaient essentiellement en encyclopédies réunies sans trop de soin ou en herbiers semblables à celui de Dioscoride, des listes de plantes médicinales dont la majorité n'avaient jamais été vues au nord de la Méditerranée. Au cours du XIIIe siècle, les sciences naturelles connurent un essor fulgurant jusque dans l'imagination populaire.

Sous le règne de Frédéric II, Albert le Grand était le savant le plus respecté, célébré à titre de magicien par la cour, à une époque où l'alchimie et l'astrologie étaient considérées comme des entreprises scientifiques on ne peut plus légitimes. Son ouvrage *De Vegetabilus et Plantis*, publié en 1250, année de la mort de Frédéric II, constituait un commentaire du *De Vegetabilus*, recueil dans lequel Théophraste avait réuni des textes qu'il croyait avoir été écrits par Aristote. La version d'Albert le Grand comprenait des descriptions colorées de plantes indigènes inconnues des Grecs, ainsi que ses propres observations lorsqu'il se trouvait en désaccord avec l'auteur. Il estimait fort la curiosité et l'expérience (le mot latin est *experimenta*), les deux piliers de la recherche scientifique. Commentant la dissection d'un arbre, il déclara que la sève était transportée dans des veines spéciales des racines jusqu'aux feuilles — comme des vaisseaux sanguins, dit-il, mais sans pouls.

Quand Albert le Grand rendit l'âme en 1280, Frédéric II était mort depuis trente ans et Édouard Ier régnait sur l'Angleterre. Le scientifique anglais le plus accompli du règne d'Édouard Ier était Roger Bacon. Né vers 1214, il avait étudié à l'Université d'Oxford en 1240, après quoi, pendant un temps, en tant que membre de l'ordre franciscain, il enseigna à Paris les idées d'Aristote.

À la manière d'Albert le Grand, Bacon exaltait les vertus de ce qu'il appelait la « science expérimentale », l'étude physique de phénomènes naturels, sur laquelle il préférait se fonder plutôt que sur le raisonnement abstrait ou les idées reçues. Comme il rejetait l'autorité, à l'instar de Pietro d'Abano, il ne tarda pas à entrer en conflit avec l'Église : à la fin de sa vie, il fut emprisonné à Paris par l'ordre même auquel il appartenait, les Franciscains, pour ses « nouveautés suspectes » et ses « dangereuses doctrines », peut-être inspirées de son admiration pour le grand philosophe arabe Averroès, lequel prêchait une doctrine où primait la Raison universelle fondée sur des bases aristotéliciennes, mais rejetait l'idée voulant que les âmes individuelles soient immortelles. Grâce à Bacon, l'Europe fit un pas de plus sur le chemin qui l'éloignait de l'âge des ténèbres, caractérisé par une adhésion aveugle au dogme, religieux ou scientifique. « Car les auteurs écrivent nombre d'affirmations, maintenait-il, et les gens les croient par un raisonnement qu'ils émettent sans expérience. Leur raisonnement est entièrement faux. »

Au moment où notre arbre s'apprête à sonder le sol pour la première fois, le monde de la science est lui aussi à la veille de découvrir une manière nouvelle d'explorer les secrets de la nature.

Sous la terre

Tandis que la jeune racine de l'arbre établit ses propres relations mycorhiziennes sous le tiède sol estival, sa tige vacillante commence à pointer vers le ciel. Elle n'émerge pas de l'enveloppe de la graine à proprement parler, mais s'élève plutôt en portant cette enveloppe sur sa tête, un peu comme un casque de pilote de la Première Guerre mondiale. Comme elle n'a que des débuts de nodosités là où pousseront plus tard ses aiguilles, la pousse dépend toujours de l'amidon emmagasiné dans l'endosperme et les cotylédons pour lui fournir de l'énergie. Une fois cette réserve épuisée, l'endosperme se détachera et la tige devra produire des aiguilles afin d'approvisionner ses racines et ses partenaires fongiques.

La structure interne de la tige est semblable à celle de la racine — un xylème et un phloème enrobés d'un épiderme —, à cette exception près que la couche extérieure de la tige n'est pas poreuse, comme doit l'être celle de la racine. Elle est faite d'écorce, bien que, à ce stade-ci de sa vie, il s'agisse d'une écorce mince, grisâtre et fine. Un arbre mature consiste essentiellement en bois de cœur mort entouré de l'équivalent de dix ou quinze ans d'aubier, le tout enchâssé dans une couche de tissu vivant, le cambium. Tandis que de nouvelles trachéides se forment sous l'écorce interne, les vieilles cellules meurent et l'arbre gagne en diamètre. Pensons à une chandelle qui, trempée plusieurs fois dans de la cire chaude, deviendrait de plus en plus épaisse. Dans un arbre, la nouvelle pellicule de cire chaude est le cambium, et les couches de cire refroidies sont le bois de cœur, auxquelles correspondent les anneaux de la croissance passée. Si l'on plantait un clou dans le tronc d'un arbre alors qu'il n'est haut que de dix mètres, le clou serait toujours à la même distance du sol une fois l'arbre parvenu à maturité ; en effet, l'arbre pousse par le haut, tandis que le tronc augmente uniquement en diamètre. En ce moment, l'arbre est tout entier fait de matière vivante, cambium, aubier, écorce, sans cœur central mort. L'eau des racines monte le long de la tige par les trachéides du xylème ; quand les premières aiguilles apparaîtront et se mettront à faire la photosynthèse, l'amidon — qui est du sucre condensé — descendra le long de la tige par les cellules criblées du phloème pour être emmagasiné et utilisé dans les racines.

Comme c'est le cas pour tous les arbres, les cellules du xylème du sapin de Douglas sont composées d'un noyau entouré d'épaisses membranes de cellulose, et elles courent le long du cœur de la tige comme autant de pailles en plastique segmentées. La cellulose est un polyholoside composé d'unités répétées de glucose et de fructose, qui sont des sucres simples. Molle quand elle se forme dans le protoplasme, la cellulose durcit en atteignant la membrane cellulaire. Il s'agit du polymère organique le plus abondant que l'on connaisse. Elle se retrouve dans toutes les plantes, et même dans les membranes d'hyphes de certains champignons. C'est aussi l'une des fibres naturelles les plus solides ; elle est plus résistante — et, comme le savent les herbivores, plus indigeste —

que la soie, les tendons ou même l'os. Sa force est en partie due aux liens d'hydrogène à l'intérieur de chacune des molécules ainsi qu'entre des molécules parallèles. Les liens de la cellulose sont si étroits que, si ce n'était des auxines qui les rompent, même les nouvelles molécules de cellulose ne pourraient pas s'attacher à la surface interne de la paroi, et l'arbre ne pousserait pas.

La lignine, autre composant cellulaire, deuxième polymère végétal le plus répandu, ajoute de la fermeté et de la force aux parois cellulaires. Les plantes qui, après avoir pris d'assaut le continent, avaient réussi à s'élever au-dessus de leurs congénères, avaient des tiges composées de cellules dont les membranes étaient exclusivement constituées de cellulose. En poussant, plusieurs se rompaient sous l'action du vent ou s'effondraient sous leur propre poids ; celles qui tenaient bon avaient, par quelque procédé inconnu, acquis de la lignine, qui agit dans les membranes cellulaires à la manière de barres d'armature dans le béton. Au fil du temps, seules les plantes disposant de lignine survécurent et purent produire des rejetons. Le bois est maintenant composé d'environ soixante-cinq pour cent de cellulose et de trente-cinq pour cent de lignine.

La lignine est l'assemblage de trois alcools aromatiques, le coumaryl, l'alcool coniférylique et l'alcool sinapylique, qui remplissent dans les membranes cellulaires l'espace qui n'est pas occupé par d'autres substances, allant jusqu'à en déloger les molécules d'eau pour prendre leur place. Elle forme ainsi un filet hydrophobe extrêmement efficace, scelle tous les éléments de la membrane cellulaire en place et procure force et rigidité au xylème. La lignine fournit également une barrière importante contre les infections fongiques et bactériennes. Quand un arbre est envahi par la maladie, il condamne la section infectée à l'aide d'un mur de lignine, de façon à empêcher la maladie de se répandre davantage. La lignine est si résistante qu'il en coûte gros aux papetières pour s'en débarrasser. Les principaux polluants que ces entreprises rejettent dans l'environnement sont les acides nécessaires pour décomposer la lignine et la transformer en pulpe de bois.

Près de la pointe de notre jeune arbre, cinq cotylédons ont jailli de la tige telles les baleines d'un parapluie vert. Ce sont les premières aiguilles de l'arbre. À la tête, là où elles rejoignent la tige, se trouve une protubérance arrondie qui a pour nom méristème apical ; c'est là que la croissance a lieu. Le méristème porte une série de petites bosses, ou nodules. Sur chacun apparaîtra une nouvelle touffe d'aiguilles. Les nodules sont d'abord rapprochés, mais au fur et à mesure que les cellules du méristème se divisent et s'étendent, la distance entre les nodules augmente. Au-dessus de quelques-uns apparaissent des bourgeons latéraux ou axillaires. Ceux-ci produiront des branches, et la pointe de chacune des branches disposera de son propre méristème apical. Chez les feuillus, tels le chêne ou l'érable, les bourgeons axillaires apparaissent au-dessus de chacun des nodules qui donneront naissance à des feuilles, tandis que chez les sapins de Douglas et les autres conifères, les nodules sont si rapprochés — la distance internodale n'est que de deux millimètres — que les bourgeons n'apparaissent qu'à proximité d'un petit nombre d'entre eux. Chaque bourgeon est une minuscule pousse compacte composée d'embryons de feuilles, de nodules et d'internodules dormants qui n'attendent qu'un influx de nourriture de la part des racines pour devenir des branches.

Avec ses cotylédons ouverts en étoile à sa pointe, supportés par une tige irrégulière, le sapin de Douglas a maintenant l'air d'un palmier miniature. Bien que minuscule, c'est un organisme totalement fonctionnel ; au bout de chacun de ses méristèmes les cellules se divisent et se répandent à une vitesse folle, et les premières aiguilles ont déjà entamé le processus auquel elles se livreront toute leur vie : la photosynthèse.

Il y a maintenant de nombreuses cellules dans l'arbre, dont chacune exécute une tâche particulière et prédéterminée. Chez les plantes comme chez les animaux, la multicellularité a permis de développer une multitude de fonctions à l'intérieur d'un seul organisme. Comme nous l'avons vu, un organisme multicellulaire consiste essentiellement en une colonie d'organismes plus petits. Cette diversité présente toutefois un paradoxe biologique. Comment est-elle apparue ? La mitose, processus de division cellulaire, assure que toutes les cellules filles auront un bagage génétique identique. Si le développement et la différenciation des types de cellules et de tissus sont soumis à un contrôle génétique, quel est le mécanisme responsable des différences ?

Par le biais d'une série d'élégantes expériences, la biologie moléculaire a montré que la fertilisation combine les chromosomes parentaux pour former le génome, qui est ensuite fidèlement reproduit à chaque division cellulaire. On peut concevoir le génome d'un œuf fertilisé comme un code explicitant les processus qui mèneront à un individu dont les nombreuses cellules fonctionneront chacune dans le rôle qui lui est échu. Un code d'ADN est cependant trop immense pour qu'une seule cellule puisse le lire dans son intégralité. Au fil de la division cellulaire, chaque cellule fille reçoit plutôt des signaux moléculaires qui lui indiquent de ne lire que des passages spécifiques du plan — la section sur la production des racines, par exemple. Mais quels sont ces signaux qui disent à une cellule ce qu'elle doit lire, et pouvons-nous les manipuler ? La récente découverte chez les mammifères de cellules souches « totipotentes », c'est-à-dire capables de se différencier pour devenir n'importe quel type de cellule, conduira peut-être, quand ces signaux cellulaires seront mieux compris, à des applications telles que la régénération de membres perdus ou même d'organes entiers.

Une feuille dans la lumière

C'est la photosynthèse qui rend possibles la diversité et l'abondance de la vie sur terre. Bien qu'on sache depuis longtemps que les végétaux tirent leur énergie du soleil et leur nourriture du sol — Léonard de Vinci, dans ses *Carnets*, notait avec justesse que « le soleil donne esprit et vie aux plantes, et la terre les nourrit avec de l'humidité » —, on ne comprend que depuis peu le fonctionnement du processus. En 1779, le Néerlandais Jan Ingenhousz, physiologue des plantes, publia un ouvrage au titre imposant, *Expériences sur les Végétaux, spécialement sur la Propriété qu'ils possèdent à un haut degré, soit d'améliorer l'Air quand ils sont au soleil, soit de le corrompre la nuit, ou lorsqu'ils sont à l'ombre*, dans lequel il poursuivait des expériences entreprises par Joseph Priestley, célèbre chimiste et théologien britannique, auteur de nombreux articles sur la religion et découvreur de l'oxygène. Priestley avait commencé à étudier « l'air inflammable » en 1776, mais, dès 1775, il avait établi que les plantes pouvaient restaurer une atmosphère qui avait été rendue impropre à la respiration par la combustion ou la putréfaction en lui fournissant de « l'air sans phlogistique », plus tard défini comme de l'oxygène.

Cette reconnaissance de l'importance des plantes pour la vie humaine piqua l'intérêt d'Ingenhousz à un point tel qu'il quitta la Hollande pour l'Angleterre afin de se rapprocher de Priestley et de sa coterie de chercheurs. En menant ses propres expériences, il découvrit que seules les parties vertes des végétaux purifiaient l'air en produisant de l'oxygène et que, de surcroît, ces mêmes parties vertes extrayaient le carbone non pas du sol, comme on le croyait jusque-là, mais bien de l'air. Il en conclut que les animaux et les plantes étaient bénéfiques les uns pour les autres, les premiers en inspirant de l'oxygène et en rejetant du gaz carbonique, les secondes en absorbant le gaz carbonique pour le remplacer par de l'oxygène. Ingenhousz, qui était médecin (en Hollande, il avait mis au point un vaccin contre la variole et avait lui-même inoculé la famille impériale d'Autriche en 1768), utilisa sa nouvelle science pour soigner ses patients affligés de maladies respiratoires en les plaçant, le jour, dans des pièces remplies de plantes vertes et, la nuit — quand la photosynthèse s'interrompait —, en remplaçant ces plantes par un appareil de sa propre conception qui produisait de l'oxygène pur.

Une aiguille de conifère est précisément un tel appareil. L'aiguille et la feuille caduque, bien que construites différemment, partagent plusieurs composants communs et se comportent de manière similaire ; si leur forme diffère, c'est que leur environnement respectif leur impose des exigences dissemblables. Il est difficile de généraliser quant aux avantages des feuillus sur les conifères ou vice versa. On retrouve les deux types d'arbres dans un vaste éventail d'environnements mais, pour la plupart, les arbres à feuillage caduc sont adaptés à des climats aux hivers longs et froids, ou encore, à des altitudes plus basses, à des climats qui comportent des saisons sèches ; il leur en coûte moins d'énergie de laisser tomber leurs feuilles en automne pour en faire pousser de nouvelles chaque printemps qu'il ne leur en faudrait pour entretenir leur feuillage pendant de longues périodes où la température descend sous zéro. L'aiguille, dont la surface est plus réduite, laisse échapper moins d'eau qu'une feuille caduque et fonctionne bien dans un environnement où le soleil est abondant et où il y a de longues périodes sèches, comme c'est le cas autour de la Méditerranée et dans les montagnes de l'ouest de l'Amérique du Nord.

Une trop grande quantité de lumière inhibe la photosynthèse ; comme le sapin de Douglas est une espèce de la canopée supérieure, ses branches les plus hautes reçoivent beaucoup de soleil. Sa forme conique fait cependant en sorte que les branches supérieures ne plongent pas les branches inférieures dans l'ombre. Les aiguilles se débarrassent plus facilement de la neige que les feuilles, ce qui fait que les branches risquent moins de se rompre sous le poids de celle-ci. En outre, comme les aiguilles contiennent peu de sève, elles résistent mieux au gel. Un sapin de Douglas mature a environ soixante-cinq millions d'aiguilles, qui toutes fonctionnent sans relâche, mais pas une seule ne reçoit trop de lumière.

Contrairement aux feuilles, qui tombent après une seule saison, les aiguilles de la plupart des conifères durent deux ou trois ans — certains sempervirents, tel l'araucaria, gardent leurs feuilles jusqu'à quinze ans ; les aiguilles des pins à cônes épineux des montagnes Rocheuses ne tombent pas avant cinquante ans — ; ainsi, les arbres ont plus de temps pour stocker l'énergie nécessaire à leur remplacement, et ils produisent davantage d'énergie. En gardant leurs aiguilles toute l'année, les conifères pratiquent la photosynthèse sans discontinuer, même au cours des mois d'hiver, quand la lumière faiblit et que les températures chutent. Une étude menée en Allemagne comparait l'énergie produite et stockée par un arbre à feuillage caduc (dans ce cas, un hêtre) avec celle dont disposait un conifère (une épinette de Norvège) : elle a révélé que le hêtre ne pratiquait la photosynthèse que cent soixante-seize jours par année, tandis que l'épinette de Norvège le faisait pendant deux cent soixante jours. Même si l'on tient compte du fait que la surface totale de son feuillage est moins importante, l'épinette était cinquante-huit pour cent plus productive que le hêtre.

Les aiguilles du sapin de Douglas sont plates, rectangulaires vues en coupe transversale, et composées d'un épiderme qui enveloppe les cellules responsables de la photosynthèse. Le mésophylle des feuilles caduques et des aiguilles de certains conifères, dont le sapin de Douglas, contiennent deux types de cellules : les cellules en palissade, qui sont fixées à l'intérieur de l'épiderme, et les cellules spongieuses, lâchement entassées en dessous. Chez les sapins de Douglas, les cellules en palissade sur la surface supérieure des aiguilles protègent les cellules spongieuses d'une lumière trop abondante. Des cavités dans l'épiderme de l'aiguille, les stomates, sont ouvertes et fermées par deux cellules gardiennes. *Stoma* est un mot grec signifiant « bouche » (il est utilisé à contresens dans le mot « estomac »). Une feuille large, celle d'un orme ou d'un érable, par exemple, compte des millions de stomates, le plus souvent situés sous la feuille ; les feuilles de certains chênes ont cent mille stomates par centimètre carré. Les stomates d'une aiguille de sapin de Douglas sont moins nombreux, mais ils sont également situés sur la face inférieure de l'aiguille. Les cellules gardiennes agissent à la manière de lèvres qui gonflent et se contractent selon le volume d'eau que contient l'aiguille, contrôlant ainsi la quantité de gaz carbonique qui pénètre par le stomate et la quantité d'oxygène et de vapeur d'eau que l'aiguille diffuse dans l'air.

Un arbre peut aspirer et transpirer d'énormes quantités d'eau ; un seul arbre dans la forêt pluviale amazonienne pompe des centaines de litres d'eau chaque jour. Ainsi, la forêt pluviale agit à la manière d'un véritable océan vert, exsudant de l'eau comme en une pluie qui remonterait vers le ciel. Ces brouillards qu'exsudent les arbres traversent ensuite le continent tels de vastes fleuves de vapeur. L'eau se condense, tombe en pluie, puis elle est de nouveau aspirée par les arbres. Au cours de sa migration vers l'ouest, l'eau boucle ce cycle en moyenne six fois avant de heurter la barrière physique que constitue la chaîne des Andes et de retraverser le continent en sens inverse, cette fois sous la forme du plus grand fleuve de la planète. De la même façon, l'Indonésie, qui compte cent quatorze millions d'hectares de forêt pluviale (après le Brésil, c'est le pays où la forêt est la plus abondante), est une composante vitale du cycle hydrologique asiatique. Partout sur la planète, les forêts renouvellent sans cesse les réserves d'eau douce et jouent un rôle clé dans le climat.

Les végétaux sont également une abondante source de molécules que les êtres humains ont appris à exploiter au cours des millénaires. En 1817, deux chimistes français — Pierre Joseph Pelletier, qui enseignait l'histoire naturelle des médicaments à l'École de Pharmacie de Paris, et Joseph Bien-aimé Caventou, doctorant — étudiaient les alcaloïdes et les agents colorants des plantes. En plus de découvrir la strychnine, la quinine et la caféine, toutes des alcaloïdes, ils déterminèrent que le pigment vert des feuilles était un composé qu'ils nommèrent chlorophylle, des mots grecs signifiant « jaune vert » et « feuille ». Bien qu'ils l'aient ignoré à l'époque, ils venaient de découvrir le composé qui rend la photosynthèse possible.

La chlorophylle est constituée de cinq éléments : les quatre éléments fondamentaux de la vie — le carbone, l'oxygène, l'hydrogène et l'azote —, auxquels s'en ajoute un cinquième, le magnésium, élément métallique dérivé du sol et essentiel à presque toute matière vivante. Les être humains, par exemple, doivent absorber deux cents milligrammes de magnésium par jour (en consommant des végétaux ou des animaux qui se sont nourris de végétaux) pour conserver des os et un sang sains. C'est la présence du magnésium dans la chlorophylle qui donne leur couleur verte aux feuilles et aux aiguilles : la molécule absorbe en effet les composantes rouges et bleues de la lumière du soleil, mais non les vertes. Quand la lumière se reflète sur une plante, nous percevons la lumière verte qui n'a pas été absorbée. Le monde dans lequel nous vivons est vert parce que notre sol et nos végétaux contiennent du magnésium.

Dans son ouvrage *Flowering Earth*, Donald Culross Peattie raconte comment, alors qu'il étudiait la botanique à Har-

vard, il apprit à extraire la chlorophylle des feuilles de lierre
qui recouvraient les murs des vénérables édifices de l'institution. En compagnie de ses condisciples, il fit d'abord bouillir
des feuilles, qu'il plongea ensuite dans de l'alcool. Les feuilles
perdirent leur couleur et l'alcool devint vert. Puis ils diluèrent
l'alcool avec de l'eau et y ajoutèrent du benzène. La solution se
sépara ; l'alcool jaunâtre se posa au fond et le benzène épais et
vert monta à la surface où il flotta comme de l'écume sur un
marais : « Il fallait simplement transvaser ce dernier avec pré-
caution dans une éprouvette, écrit Peattie, et l'on obtenait un
extrait de chlorophylle, opaque, tremblant, lourd, un peu visqueux et huileux, et qui sentait — mais à soulever le cœur —
comme les lames d'une tondeuse à gazon après une lutte
contre une pelouse mouillée. » À l'aide de l'analyse spectrale,
Peattie découvrit que les constituants d'une molécule de chlorophylle étaient étrangement familiers. « Pour moi, apprenti
botaniste, futur naturaliste, écrit-il, il y avait là un fait qui me
faisait battre le cœur. Ce fait est l'étroite ressemblance entre la
chlorophylle et l'hémoglobine, l'essence de notre sang. » Il ne
s'agit pas là d'une comparaison forcée, mais bien d'une analo-
gie littérale on ne peut plus scientifique : « La seule différence
significative entre les deux formules structurelles est la suivante : le cœur de chaque molécule d'hémoglobine est un
atome de fer, tandis que dans la chlorophylle, il s'agit d'un
atome de magnésium. » Alors que la chlorophylle est verte
parce que le magnésium absorbe tout hormis le spectre vert, le
sang est rouge parce que le fer absorbe tout à l'exception du

rouge. La chlorophylle est un sang vert. Elle est conçue de manière à capter la lumière ; le sang est conçu de manière à capter de l'oxygène.

À l'intérieur des cellules spongieuses se trouvent de nombreux petits corpuscules, les chloroplastes, qui renferment des corpuscules plus petits encore, les grana. Ces derniers sont composés de couches alternées de chlorophylle et de lipoprotéines en suspension dans des sels et des enzymes liquides. Chaque chloroplaste fonctionne à la manière d'une cellule photovoltaïque extrêmement efficace, qui capte l'énergie du soleil et l'utilise pour transformer l'air en nourriture. Les chloroplastes peuvent capter des quantités quasi infinies de lumière dont ils tirent l'énergie nécessaire pour métamorphoser le gaz carbonique et l'eau en sucre. Comme l'énergie est emprisonnée dans des liaisons de glucose, la molécule de sucre peut être mise en réserve et utilisée plus tard pour servir à la synthèse des composantes essentielles des macromolécules : lipides, amidon, protéines et acides nucléiques.

« Comment, s'interroge Peattie, la chlorophylle, cette vieille alchimiste verte, s'y prend-elle pour transmuter les scories de la terre en tissu vivant ? » L'eau aspirée par la racine pénètre dans l'aiguille par le xylème attaché à la tige et percole parmi les cellules spongieuses. Le gaz carbonique est attiré dans l'aiguille par le stomate. Quand un photon de lumière solaire frappe un chloroplaste, un électron est éjecté hors de chaque molécule de chlorophylle ; cette énergie excite la molécule qui déclenche une réaction chimique. En fait, il s'agit plutôt d'une série de réactions d'une fraction de seconde chacune ; l'énergie libérée par l'électron éjecté sépare l'eau en ses deux constituants, l'hydrogène et l'oxygène. Puis le carbone, l'hydrogène et l'oxygène libérés se recombinent pour former de l'acide carbonique, lequel se transforme instantanément en acide formique — la même substance que sécrètent les fourmis. Cet acide devient du formaldéhyde et du peroxyde d'oxygène avant de se séparer immédiatement en eau, en oxygène et en glucose. Une partie du glucose est ensuite convertie en fructose, ou sucre de fruit, qui sera utilisé par l'arbre sur-le-champ, et le reste est comprimé en amidon puis envoyé dans les racines où il sera stocké en vue d'un usage futur. L'oxygène et la vapeur d'eau sont éjectés par le stomate par expiration et transpiration. Ce processus donne aussi naissance à d'autres produits, dont les acides aminés, ingrédients essentiels des protéines, et divers acides gras et vitamines.

Cette activité chimique nécessite de la lumière, et toute lumière vient du Soleil qui, bien qu'il se trouve à cent cinquante millions de kilomètres, fournit à la Terre de l'énergie au rythme stupéfiant de 215 000 000 000 000 000 calories à la seconde. La plus grande partie de cette énergie ne servira pas à la photosynthèse — elle tombera sur le sable des déserts, sur le flanc des montagnes, sur les calottes glaciaires des pôles ou sur notre peau. Mais une fraction suffisante — un minuscule un pour cent — est utilisée par les plantes pour garder la planète en vie.

La salamandre de feu

Dans l'ombre fraîche de notre arbre, des fougères, des lupins et des épilobes qui l'entourent, une salamandre à dos rayé *(Pletho-don vehiculum)* interrompt sa chasse à l'insecte pour scruter la rive du ruisseau à l'affût de prédateurs ou d'un éventuel partenaire sexuel. Cette femelle appartient à l'une des vingt et une espèces de salamandres que l'on trouve dans le voisinage des sapins de Douglas ; elle est longue, fine et noire, une ligne cuivrée court le long de son dos jusqu'à sa queue et descend sur la partie supérieure de ses pattes. Son ventre pâle est constellé de taches noires et blanches et, tandis qu'elle attend dans la pénombre, ses côtes se dilatent et se contractent comme un soufflet. La salamandre à dos rayé est un amphibien dénué de poumons, ce qui signifie qu'elle ne respire pas par la bouche mais absorbe l'oxygène directement par la peau. Pour ce faire, l'épiderme de la salamandre est devenu si poreux qu'elle est constamment menacée de déshydratation, aussi ne la retrouve-t-on que dans des microclimats ombreux et humides. Sa peau est aussi délicate et fragile que le tissu qui tapisse nos poumons.

D'autres salamandres nordiques dénuées de poumons, telles que la salamandre pommelée *(Aneides ferreus)* et la salamandre variable *(Ensatina eschscholtzii)*, préfèrent passer leur temps au cœur des troncs en putréfaction sur le sol de la forêt surannée, où il y a abondance de collemboles à manger et où l'humidité est constante, même quand un incendie fait rage. Mais la salamandre à dos rayé se trouve le plus souvent dans des terrains dégagés, les clairières et les brûlis, habituellement sur des talus d'éboulis orientés vers l'ouest, sur un sol graveleux, où il y a peu de lumière directe, quelques feuillages bas protecteurs et un accès à l'eau. Toutes les salamandres sont poïkilothermes, c'est-à-dire que la température de leur corps varie selon la température des objets qui les entourent : l'air, les pierres, la matière en décomposition. Les salamandres à dos rayé préfèrent les températures un peu plus chaudes que les salamandres appartenant à d'autres espèces.

Notre salamandre à dos rayé a un territoire très réduit, deux mètres carrés seulement, et elle ne semble guère se soucier de le protéger ; la densité de la population de salamandres est élevée dans ce secteur de la forêt, qui en compte près de huit cents par hectare, et il en coûterait trop d'énergie d'appliquer une stricte politique de défense territoriale. Elle se contente essentiellement de se tenir loin des troncs en putréfaction, où elle serait susceptible de rencontrer d'autres salamandres et, quand d'aventure elle pénètre à l'intérieur d'un tronc, elle reste près de la surface, juste sous l'écorce, plutôt que de s'enfoncer profondément dans le bois de cœur pourrissant. Elle semble se plaire dans les cavités à la base des fougères. Avril est le mois de la reproduction, et en juin elle déposera ses œufs sur le sol plutôt que dans l'eau, comme le font les salamandres aquatiques. Ses petits émergeront de l'œuf comme des copies miniatures, parfaitement formées, de leur mère.

On n'a recensé que quarante espèces de salamandres sur l'ensemble de la planète, mais elles sont très répandues. À l'époque de la croissance de notre arbre, les salamandres étaient connues en Europe, en Asie Mineure et jusqu'en Afrique. Il y avait même une légendaire salamandre de feu (*Salamandra salamandra*). Selon Aristote, dont la parole faisait toujours autorité, les salamandres de feu étaient immunisées contre les flammes ; elles avaient le sang si froid qu'elles pouvaient éteindre un brasier simplement en le traversant. Jusqu'au XVIIe siècle, on racontait que des gens avaient vu des salamandres tranquillement installées sur les bûches ardentes dans leur âtre. On les disait aussi extrêmement venimeuses. Alexandre le Grand rapporta que quatre mille de ses hommes et deux mille de ses chevaux étaient morts subitement après avoir bu l'eau d'un ruisseau où était tombée une seule salamandre. Si une salamandre grimpait sur le tronc d'un arbre, le fruit devenait empoisonné. De tels mythes ont peut-être un fondement scientifique, car certaines salamandres sécrètent une substance claire et laiteuse qui, lorsqu'elle est avalée, se révèle une neurotoxine mortelle, ce qui explique que la majorité des prédateurs les laissent tranquilles. On croyait autrefois qu'une cape faite de peaux de salamandres pouvait résister au feu, ce qui en faisait un vêtement fort convoité des alchimistes ou de quiconque désirait se faire passer pour un magicien. Le pape en possédait une, notamment. Hélas, cette croyance n'était pas fondée. Quand Dioscoride jeta des dizaines de salamandres dans un feu pour voir ce qui leur arriverait, elles brûlèrent jusqu'à la moelle. De toute évidence, un examen plus attentif s'imposait. Marco Polo, pendant les vingt-cinq années qu'il passa en Chine à partir de 1271, tenta de débusquer la mystérieuse créature, mais en vain. « À l'égard du serpent (ou lézard) nommé salamandre, que l'on dit qu'il vit dans le feu, rapporta-t-il à son retour à Venise en 1296, je n'ai pu rien apprendre dans les pays orientaux. »

Bien qu'il n'ait jamais vu de salamandre de feu, il témoigna de la production, dans la région de Chinchitalas, d'une chose ayant pour nom « étoffe de salamandre », laquelle, extraite de mines dans la montagne, consistait en « filets ayant aspect de laine, lesquels étant desséchés au soleil sont pilés dans un mortier de cuivre ; ensuite on les lave, ce qui emporte toute la terre ». La laine qui résultait de cette opération était filée puis tissée en étoffes qui étaient ensuite mises au feu pendant une heure ou jusqu'à ce qu'elles blanchissent « sans être aucunement endommagées ». Marco Polo croyait que la substance tirée du sol pouvait être de la peau de salamandre fossilisée. Nous la connaissons plutôt sous le nom d'amiante. « On dit qu'il y a à Rome une nappe d'étoffe de salamandre, où le suaire de Notre Seigneur est enveloppé, de laquelle certain roi des Tartares a fait présent au souverain pontife. »

On sait maintenant que les cellules chromosomiques des salamandres renferment environ cent fois plus d'ADN chromosomique que celles des mammifères, l'homme y compris. Personne ne sait à quoi servent ces nucléotides supplémentaires ; il s'agit peut-être simplement de copies d'ADN fonctionnel, ce que les généticiens nomment « ADN junk » ou ADN égoïste. En général, toutefois, comme l'a fait remarquer

Aristote, la nature ne fait rien en vain ni de superflu. Quoi qu'il en soit, les salamandres gardent leur mystère.

Le long du lit du ruisseau, le vent venant de l'océan agite le couvert de jeunes feuilles au-dessus de notre arbre. Plus tard, au cours de son existence, celui-ci aura besoin de défenses contre le vent qui secouera sa cime, menacera d'arracher ses branches, affaiblira sa prise dans le sol, alimentera les feux de surface à sa base et soufflera ses graines haut dans les montagnes. Après les incendies, les tempêtes de vent sont les principales forces qui modèlent le paysage des grandes forêts. Au cours des cinq prochains siècles, des tempêtes majeures avec des vents soufflant à plus de deux cents kilomètres à l'heure balaieront des millions d'hectares de forêt de sapins de Douglas. Pour l'instant, cependant, le vent est une force bénigne.

Une salamandre dépourvue de poumons

Chapitre 3 Croissance

Seize années ont passé depuis l'incendie. Le brûlis n'est plus un trou noir dans la forêt, mais une étendue de jeune verdure, plus basse que les portions épargnées par le feu, mais manifestement revenue à la vie. L'odeur de charbon s'est dissipée depuis longtemps. Après un printemps exceptionnellement pluvieux, où sont tombés plus de cent cinquante centimètres d'eau, l'été a été long et chaud, marqué par une vigoureuse croissance de la forêt. Nous

When first the unflowering Fern-forest,
Shadowed the dim lagoons of old,
A vague unconscious long unrest
Swayed the great fronds of green and gold.
AGNES MARY FRANCES ROBINSON,
« Darwinism »

sommes maintenant au début de l'automne, et bien que le ruisseau soit invisible depuis la crête, on le devine tout de même, qui trace une ligne sinueuse d'un vert brillant parmi les troncs sombres et les racines tordues sur le sol. Si la forêt est toujours silencieuse, ce n'est plus, comme après le feu, le silence de la mort, mais plutôt le calme du repos, de l'attente.

Les thuyas géants et quelques érables grandifoliés et circinés ont poussé dans le brûlis et font maintenant partie de la communauté forestière. Sur une courte distance, le long des berges du ruisseau, des aulnes rouges *(Alnus rubra)*, visibles à ce qu'ils forment une ligne sombre et luisante, serpentent à travers la forêt de conifères. S'ils poussent à découvert, une fois parvenus à maturité, soit vers l'âge de quarante ans, les aulnes rouges peuvent atteindre vingt-quatre mètres, mais, à l'instar des sapins de Douglas qui les dominent maintenant, ils supportent mal l'ombre, et ainsi, dans cette forêt, ils ont une espérance de vie plutôt courte. Les plus vieux mourront bien avant d'avoir atteint leur pleine hauteur, et le sol de la forêt s'en trouvera dégagé et plus monotone. Pour le moment, toutefois, près du sol, leurs troncs lisses et presque blancs sont semblables à des rayons de sourde lumière dans l'obscurité du taillis. Ils sont pour les parulines à calotte noire, les viréos à tête bleue et, l'hiver, les juncos ardoisés une source fiable d'insectes, d'araignées et de graines.

Ils doivent leur nom d'aulnes rouges à leur écorce interne, qui contient un pigment rouge. Chaque année, une famille de Salish de la côte grimpe jusqu'au vieux brûlis et campe une nuit ou deux près du lit du ruisseau. Ils désignent l'aulne rouge du nom de *yuhsáwi*. Le jour, ils pèlent son écorce en bandes triangulaires — en prenant garde de ne pas abîmer la tige de l'arbre et de laisser la couche de cambium vivant intacte —, qu'ils enroulent en étroits rouleaux. Quand ils lèveront le camp, ils emporteront ces rouleaux jusqu'à leur village de la côte où ils pilonneront l'écorce interne pour en libérer la couleur, à laquelle ils mêleront de l'huile de poisson. Ils utiliseront la mixture ainsi obtenue pour décorer leurs vêtements faits d'écorce de cèdre rouge et leurs couvertures en poil de chien.

Les habitants de la côte savent que leur existence repose sur un sage équilibre entre deux zones nourricières, la mer devant eux et la forêt derrière. Ils ne se préoccupent guère de l'au-delà et de l'en-deçà, du ciel et de la terre, mais ils ont la science et l'expérience de la côte et de la forêt.

À la nuit tombée, dans le camp de l'aulne rouge, le chef de la maison enseigne les noms et les propriétés des arbres. L'écorce de la pruche de l'Ouest, *skwúpuhc*, produit une pâte brun-gris avec laquelle les pêcheurs teignent leurs filets pour les rendre invisibles au saumon. On utilise le thuya géant, *xpáy'uhc*, pour confectionner des canots, des maisons longues, des outils et des médicaments. Les larges feuilles de l'érable grandifolié, *ê'ólhac*, font d'excellents paniers pour les petits fruits. Les feuilles du peuplier du Canada, *q'wuh*, sont quant à elles parfaites pour les bandages car, une fois écrasées, elles adhèrent à la peau. Le sapin de Douglas, *êuhbídac*, léger mais très solide, est un arbre combustible ; son écorce brûle exceptionnellement bien, même si elle dégage beaucoup d'étincelles, et on brûle ses rameaux verts dans les huttes de sudation pour laver l'esprit et le cœur des hommes. Le chef de la maison conte aussi des histoires, sur l'Arbre du Déluge, *qwutl'uhc*, par exemple, l'arbousier sacré, à l'intérieur duquel les premiers hommes qui dérivaient dans leur pirogue-abri pendant le Grand Déluge trouvèrent un refuge et furent sauvés. Les histoires lient toutes la terre et la mer, tout comme le font aussi ces hommes.

L'arbre bourgeonnant

Maintenant haut de huit mètres, notre arbre possède seize rangs de branches qui rayonnent à partir de sa tige fuselée ; les huit premiers se sont affaissés. Il fait trente-cinq centimètres de diamètre à la base. Les nouvelles pousses au bout des branches sont de couleur plus pâle que les aiguilles matures, et de nouveaux bourgeons se dessinent à leur base.

Il n'y a cependant pas de branches à la hauteur des arbres moins élevés, car la croissance se fait plus importante là où elle sera la plus profitable : plus haut, en pleine lumière, et sous la terre.

Comme plusieurs autres conifères, tels le pin lodgepole et le pin ponderosa, là où la profondeur du sol le permet, le sapin de Douglas enfonce une profonde racine pivotante pour ancrer l'énorme superstructure qui s'élèvera plus tard au-dessus de la terre. Les conifères disposent aussi d'un réseau de racines latérales qui se déploient pour constituer la plateforme sur laquelle l'arbre est posé. Quelques-unes de ces racines latérales plus épaisses forment à la surface du sol des bosses rappelant le dos des baleines grises qui viennent dans la baie pour s'y nourrir de hareng. Là où ces racines sont exposées à la lumière du soleil, elles distribuent de la chlorophylle à l'écorce interne, qui produit des hormones de croissance localisées, lesquelles facilitent l'ascension des nutriments dans le xylème. Quand ses racines latérales rencontrent celles d'un sapin de Douglas voisin, les deux systèmes de racines se greffent l'un à l'autre, parfois longitudinalement, parfois à angle droit, pour former une seule unité vasculaire ; ainsi, les deux arbres s'aident l'un l'autre en partageant des hormones et des amidons par le biais de leur phloème commun.

Dans un bosquet de peupliers faux-trembles, les racines s'unissent en une autre forme d'association. Les troncs des trembles sont en fait des clones qui poussent tous à partir d'un même système racinaire. Il s'agit d'une adaptation qui a permis à un même organisme d'exploiter différentes niches — des terrains élevés, secs et ensoleillés aux vallées humides et aux lits de rivières —, puisque les trembles poussant dans des sols riches peuvent faire parvenir, par les racines, de la nourriture à leurs congénères qui croissent dans des sols pauvres. De telles colonies clonales de trembles peuvent acquérir des proportions impressionnantes et recouvrir des territoires immenses. En Utah, l'une d'entre elles occupe quarante-trois hectares et a une masse totale de plus de six mille tonnes, soit trois fois le poids d'un séquoia géant, l'un des plus gros organismes vivants de la planète. Le plus gros organisme du monde est peut-être un champignon de l'espèce *Armillaria ostoyae*, qui se trouve dans une forêt de conifères mixtes dans les Blue Mountains du nord-est de l'Oregon. Âgé de huit mille cinq cents ans, le champignon en question couvre près de dix kilomètres carrés.

Notre arbre tire également profit des racines d'autres arbres par le biais de ses partenaires fongiques mycorhiziens. Les aulnes rouges, notamment, se montrent particulièrement efficaces à extraire l'azote de l'air pour le fixer dans le sol — on a enregistré des quantités annuelles de trois cents kilogrammes d'azote par hectare, ce qui suffirait à alimenter la forêt pendant les deux cents années à venir —, où il est décomposé par des bactéries et siphonné par les champignons dans les racines d'autres arbres, dont le nôtre. En retour, les racines des aulnes rouges reçoivent de leurs voisins jusqu'à dix pour cent de l'amidon stocké par ceux-ci. Par le biais de son association intra-espèces et interespèces, notre arbre profite du fait qu'il appartient à un écosystème forestier et, du coup, améliore ses chances de survie. Malgré l'efficacité dont font montre les aulnes à fixer l'azote, les pluies torrentielles s'écoulant sur des pentes raides et un sol mince entraînent la plus grande partie de cet azote tout droit dans les rivières et à la mer. Dans les forêts, c'est souvent la concentration d'azote qui limite la croissance.

Au début du mois d'avril, les cellules des méristèmes le long du tronc et des branches commencent à se diviser pour donner naissance à une nouvelle couche de cambium enchâssée entre l'écorce et l'aubier. C'est ainsi que l'arbre croît, en ajoutant une nouvelle couche de cellules vivantes sur la couche de l'année précédente. Les vieilles cellules meurent pour constituer le cercle à l'extrême périphérie du bois de cœur, alors que le nouvel aubier assure la plus grande partie du transport de l'eau. Chaque année, l'arbre ajoute un nouvel anneau à son axe. Les anneaux, légèrement plus épais à la hauteur de la première couronne qu'ils ne le sont au houppier, sont plus nombreux à la base de l'arbre ; le tronc qui s'élève adopte ainsi la forme d'un fuseau. L'angle de ce fuseau est plus aigu dans la première couronne, entre les branches les plus basses et la cime de l'arbre, qu'il ne l'est entre la base et la couronne.

Au printemps, quand la température dépasse 5 °C, les cellules des méristèmes de la couronne produisent des auxines qui favorisent la croissance du cambium en se répandant vers le bas du tronc, à un rythme allant de cinq à dix centimètres à l'heure. Là où des bourgeons se sont formés l'année précédente, les auxines s'accumulent et les cellules se divisent plus rapidement pour promouvoir la croissance latérale ou axillaire, qui donnera naissance à de nouvelles branches. À la mi-mai, ces bourgeons éclosent ou éclatent. De minuscules aiguilles, semblables à des pinceaux trempés dans de la peinture verte, émergent des extrémités. Quelques-uns de ces bourgeons deviennent de nouvelles pousses mais, cette année, d'autres deviendront des cônes, et ainsi s'amorce le cycle, long de dix-sept mois, de production du pollen, de fertilisation des œufs et de dispersion des graines.

Les bourgeons qui donneront naissance à des cônes sont pour la plupart situés près de la cime de l'arbre, parmi les pousses de l'année passée. Quelques-uns — ceux qui sont plus près de la base des pousses — deviendront mâles, ou cônes à pollen, tandis que les autres, plus près de la pointe des pousses, deviendront femelles, ou cônes à graines. Avant la mi-juillet, on ne peut distinguer les bourgeons qui se changeront en pousses de ceux qui se métamorphoseront en cônes.

Jusqu'à dix semaines, ils semblent tous destinés à devenir des pousses, mais, peu à peu, des distinctions apparaissent entre les trois types de bourgeons — qui donneront lieu qui à des pousses, qui à des cônes à graines, qui à des cônes à pollen. À l'automne, les bourgeons destinés à devenir des pousses ont entamé une série d'ébauches de feuilles en spirale ; sur les futurs cônes à pollen se dessine une succession de structures en spirale ressemblant à des feuilles naissantes, mais qui deviendront plutôt des sacs polliniques, tandis que sur les bourgeons des cônes à graines apparaissent des ébauches qui deviendront plus tard les bractées en forme de queue de souris caractéristiques des cônes à graines du sapin de Douglas.

On est maintenant en septembre et les trois types de bourgeons semblent en dormance. À l'intérieur, toutefois, les cellules se divisent et, tout au long de l'hiver, bien qu'au ralenti, une forme d'activité physiologique se poursuivra, plus marquée au sein des bourgeons destinés à devenir des cônes que dans ceux qui deviendront des pousses, et plus intense dans les cônes femelles que dans les mâles. Une partie de cette activité sera alimentée par la photosynthèse, que l'arbre continuera d'effectuer afin de constituer ses réserves hivernales d'amidon tant que les températures seront supérieures à cinq ou six degrés. Pour l'essentiel, l'arbre se contentera cependant de dormir, comptant sur l'énergie emmagasinée dans son aubier et dans ses feuilles pendant l'été pour passer l'hiver et donner son coup d'envoi au printemps. Ce processus se répétera tous les deux ans pour le reste de la longue vie de notre arbre.

Autant en emporte le vent

Même si les conifères paraissent pousser tout droit, tels des poteaux émergeant du sol, en réalité ils sortent de terre en pivotant, comme un missile qui fend l'air. Ce type de croissance qu'on appelle, en termes mathématiques, « spirale dynamique », explique que le tronc et les membres soient fuselés et que la couronne ait la forme d'une pointe de flèche. Sous l'écorce, le grain du bois pousse en spirale vers le haut. La forme du tronc reflète ainsi la forme de l'arbre, puisque tous les deux sont le résultat d'une croissance logarithmique : d'année en année, l'arbre ne gagne pas seulement en largeur, mais aussi en hauteur. Ce motif de spirale se retrouve, dans la nature, chez plusieurs organismes qui croissent en augmentant la circonférence de leur base ainsi qu'en gagnant en longueur : les coquilles de la plupart des mollusques, les défenses tordues des narvals et des éléphants, la disposition des pétales se chevauchant autour du cœur d'une rose. Ce motif est également celui des galaxies spirales partout dans le système solaire et celui des ressorts d'ADN à double hélice présents dans les cellules haploïdes du corps humain. Chez les conifères, cette spirale est aussi visible dans la structure du cône.

Bien que les caractéristiques externes et les systèmes de transport puissent paraître extrêmement différents, il y a en réalité peu de distinctions entre la sexualité des végétaux et celle des animaux ; ceux-ci comme ceux-là combinent du matériel génétique de deux parents pour produire un rejeton.

Chez les conifères, le cône femelle porte les ovules, dont chacun contient un œuf. Après avoir été fertilisé par un gamète mâle du cône à pollen, cet œuf devient une graine, c'est-à-dire un embryon d'arbre et un stock de nutriments.

Les cônes de pin n'ont pas de pétales, mais des écailles disposées en spirale autour d'un axe central de manière à ce qu'aucune ne se trouve directement au-dessus d'une autre ; le complexe entier peut-être scellé avec de la cire et de la résine pour favoriser l'écoulement de l'eau au printemps et sa rétention pendant la saison sèche, en été, en attendant les conditions automnales propices à la dispersion des graines. Les mâles, situés à la base des petites branches, sont les cônes à pollen. Moins gros que les cônes à graines, ils se développent plus lentement et restent enfermés dans les écailles des bourgeons pendant la majeure partie de la première année ; durant l'hiver, leurs cellules se divisent tranquillement pour constituer des grains de pollen qui, dès février, commenceront à mûrir dans chacun des sacs polliniques. Les cônes s'ouvrent juste avant que leur pollen ne doive être relâché au printemps. Ce sont des pollinisateurs en attente, tels des faux-bourdons dans une ruche, qui paraissent somnoler jusqu'au moment où on les appelle pour servir la femelle, après quoi, leur unique tâche accomplie, ils meurent. Chaque cône mâle est formé d'un axe central et d'écailles, et à la base de chacune d'elles se trouvent deux sacs polliniques. Les cônes mâles sont plus abondants sur les branches basses, tandis que les cônes à graines sont situés plus haut ; ainsi, quand le pollen est libéré des cônes mâles en avril, il est moins susceptible de fertiliser les cônes à graines du même arbre et sera plutôt porté par le vent jusqu'aux cônes femelles d'un arbre voisin.

Les cônes femelles sont beaucoup plus complexes que les cônes mâles. Leur croissance, amorcée en février, résulte de l'allongement de l'axe central aussi bien que du grossissement des écailles des bourgeons. En ce moment, les cônes à graines reposent à l'horizontale sur la branche, mais, comme la croissance s'effectue plus rapidement dans la moitié inférieure du cône, là où s'accumule une plus grande quantité d'auxines, les cônes se tourneront vers le haut et, au moment de l'éclosion du bourgeon, en avril, ils se dresseront à la verticale. À la base de chaque bractée se trouve une écaille, et à la base de chaque écaille sont fixés deux ovules. À l'extrémité de chacun des ovules donnant sur l'axe central se trouve une minuscule ouverture, le micropyle, par laquelle la jeune radicule émergera plus tard ; bientôt, des grains de pollen produits par le cône mâle entreront par cette ouverture et commenceront l'aventure de la fertilisation.

Les cônes mâles commencent à grossir en mars, une fois le pollen pleinement formé. Tandis que leur axe allonge, les nouvelles pousses font éclater les écailles des bourgeons et, au cours de la période d'éclosion, en avril, le pollen est libéré des sacs où il était contenu. L'air est alors saturé d'une pluie de pollen. Les cônes femelles, qui se dressent maintenant à la verticale sur les branches, leurs bractées largement écartées comme d'innombrables parapluies miniatures, sont dans une position idéale pour recevoir les nuages de grains de pollen que le vent leur apporte.

La pollinisation par le vent, aventure folle et incertaine, est jugée plutôt primitive chez les végétaux, dans la mesure où l'endroit où le pollen aboutira relève purement du hasard. Dans le cas de la pollinisation par les insectes, au contraire, il y a une probabilité raisonnable que le pollen collé à un insecte se retrouvera sur une autre fleur de la même espèce. En fait, pour cette raison, plusieurs espèces se sont dotées de fleurs particulièrement attirantes pour quelques insectes précis. Mais les conifères, quant à eux, ont mis au point leurs techniques de pollinisation avant l'apparition des insectes volants. Les plantes à fleurs, ou angiospermes, ne sont apparues qu'au cours du crétacé, qui a pris fin il y a de cela soixante-cinq millions d'années, alors que les gymnospermes — conifères, cycadales et gingkos — existaient déjà depuis plus de trois cents millions d'années.

Au permien, quand les arbres commencèrent à se distinguer des fougères, les choix n'étaient guère nombreux en matière de mécanismes de dispersion du pollen. Il y avait bien l'eau, mais elle se trouvait par terre. Il y avait les animaux terrestres, mais eux aussi étaient cantonnés au sol. Comme les organes sexuels des arbres se trouvaient quant à eux haut perchés, le vent était le véhicule le plus efficace pour porter un grain de pollen. Les arbres qui prospérèrent furent ceux qui produisaient des grains de pollen si petits et si bien détachés les uns des autres qu'ils pouvaient être emportés par la moindre brise, et qui les libéraient en si grand nombre que les chances que l'un d'entre eux tombe sur un cône femelle d'un autre arbre étaient significativement supérieures à zéro. En général, les plantes qui procèdent à une pollinisation par le vent produisent une quantité astronomique de pollen ; celui-ci crée un fin brouillard dans l'air et recouvre la surface des lacs des montagnes. Les arbres à fleurs, tels le bouleau et le noisetier, qui dépendent aussi du vent, comptent jusqu'à cinq millions de grains de pollen par chaton, et chaque arbre porte des milliers de chatons.

Cette technique est certainement préférable à l'autopollinisation, option choisie par certaines plantes plus tardives — la majorité des mauvaises herbes annuelles, notamment. Darwin notait que « la nature [...] a horreur de l'autopollinisation perpétuelle », sans doute parce qu'il reconnaissait que, comme c'est le cas pour les croisements consanguins, l'autopollinisation finit, avec le temps, par affaiblir l'espèce. L'horreur de l'autopollinisation n'était pas qu'une lubie victorienne : dans la plupart des cultures humaines, les croisements consanguins sont tabous — tout particulièrement l'inceste frère-sœur et parent-enfant —, et quelques-unes (des cultures inuites avant le premier contact avec les Européens, par exemple) interdisaient même les mariages entre cousins jusqu'au sixième degré. Bien que nombre de convenances sociales ne reposent sur aucune explication ou assise scientifique, ce tabou social a, quant à lui, d'excellentes justifications sur le plan génétique.

Les organismes qui se reproduisent par le biais de la sexualité portent deux séries de chromosomes, la première issue du parent mâle et la seconde, du parent femelle. Ces organismes sont dits « diploïdes » ; le lot de chromosomes que portent chacun le sperme et l'œuf est quant à lui haploïde. Chaque chromosome est porteur de centaines de gènes, qui s'ordonnent le long du chromosome comme des perles sur un fil. Ces gènes sont aussi présents chez l'autre chromosome correspondant, ou chromosome homologue. Les gènes occupant la même position sur des chromosomes homologues sont des allèles, et peuvent être identiques ou différents. Par exemple, il existe deux formes différentes du gène responsable de la couleur des graines chez le pois, l'un entraînant une graine jaune, l'autre, une graine verte. Dans un plant de pois, les deux allèles peuvent appeler le jaune ou le vert, ou l'un peut appeler le jaune et l'autre, le vert. Une plante qui porte un gène appelant le jaune et un gène appelant le vert aura des graines jaunes, c'est pourquoi l'on dit que le gène appelant le jaune est dominant par rapport au gène appelant le vert, tandis que le gène appelant le vert est récessif par rapport au gène appelant le jaune. Comme les autres animaux, chaque être humain porte des allèles récessifs de gènes qui, s'ils étaient présents en deux copies, entraîneraient la mort, des malformations ou d'autres traits dysfonctionnels. Quand deux personnes qui ne sont pas apparentées ont des enfants, le risque qu'elles soient toutes deux porteuses des mêmes allèles récessifs pour n'importe quel trait est très faible. Mais plus les deux personnes

Campagnol à dos roux et cônes de sapin

sont apparentées de près l'une à l'autre, plus le risque grandit qu'elles soient porteuses des mêmes allèles récessifs. Chez les lignées hautement incestueuses, ces risques deviennent astronomiques, passant, pour certaines maladies génétiques, de 1 sur 10 000 à 1 sur 20. Les croisements consanguins successifs, génération après génération, augmentent d'autant plus ces probabilités et créent bientôt un groupe au sein duquel l'individu a autant de risques d'hériter du trait récessif qu'il a de chances d'en être dépourvu. Quand une variation particulière transmise génétiquement fait que les individus sont moins aptes à survivre dans leur environnement, elle mène à l'extinction ; dans le cas où elle les rend plus susceptibles de s'adapter à un environnement nouveau ou modifié, elle est plutôt bénéfique, et confère un avantage sélectif plus important encore. Mais, comme l'a observé Darwin, les croisements consanguins se soldent rarement par des adaptations bénéfiques.

On croyait jadis que les organismes particulièrement bien adaptés à un environnement donné y supplanteraient tous les autres et finiraient, à la longue, par éliminer les autres gènes qui ne confèrent pas un taux élevé de survie ; on croyait, en d'autres mots, que les individus tendraient à devenir de plus en plus génétiquement similaires, ou homogènes. Dans les années 60, alors qu'on mettait au point des techniques moléculaires sophistiquées, les généticiens commencèrent à examiner les effets de gènes particuliers chez certains organismes (les mouches des cerises, par exemple), où ils s'attendaient à constater que la majorité des gènes étaient homogènes. À leur grande surprise, ils découvrirent tout le contraire : en scrutant des gènes précis, ils trouvaient une profusion de différentes formes alléliques. Cette diversité, appelée polymorphisme génétique, est aujourd'hui vue comme caractéristique des espèces particulièrement saines et bien adaptées. Quand elles sont réduites à de petits nombres d'individus, des populations d'organismes tels que les tigres du Bengale ou les pandas ne disposent plus de la diversité génétique nécessaire pour assurer la santé de l'espèce — un jour ou l'autre, tous les membres de l'espèce finiront par être génétiquement parents, et tout croisement sera un croisement consanguin.

Chez les espèces qui comptent un grand nombre d'individus confinés à un espace restreint, comme une île ou une niche écologique très réduite, il peut sembler absurde de maintenir un polymorphisme génétique. Pourquoi effectuer une sélection qui favorise une grande diversité plutôt que de miser sur la meilleure combinaison d'allèles pour l'environnement en question ? Cette dernière option serait sans doute préférable si les conditions environnementales étaient immuables, mais à l'échelle des ères géologiques, le changement est la règle plutôt que l'exception. Le Soleil est maintenant presque trente pour cent plus chaud qu'il ne l'était lorsque la vie est apparue sur la Terre ; des chaînes de montagnes se sont formées et sont tombées en poussière ; des océans se sont emplis puis taris ; des époques glaciaires se sont succédé. Pendant tout ce temps, la vie a non seulement subsisté, elle a prospéré. Grâce au polymorphisme génétique, il existe toujours chez une espèce donnée un réservoir de gènes offrant une variété de combinaisons, dont quelques-unes peuvent se révéler mieux adaptées aux conditions changeantes que ne l'étaient celles des parents.

La différence offre résilience et adaptabilité. Ainsi, on dirait que la nature s'en remet à une série de différences s'emboîtant les unes dans les autres comme des poupées gigognes. La diversité génétique est présente au sein de chacune des espèces, plusieurs types d'espèces différentes peuplent chaque habitat, une variété d'habitats se déploient à l'intérieur des écosystèmes et un large éventail d'écosystèmes occupe la planète. C'est la diversité qui a donné à la vie sa résilience à l'intérieur de la biosphère. Comme le remarque l'anthropologue Wade Davis, il est cependant une autre sphère où la diversité est aussi centrale pour la survie : celle des hommes. Partout sur la Terre, les cultures humaines — des Inuits de l'Arctique aux Kayapos du bassin amazonien et des aborigènes d'Australie au peuple San du désert du Kalahari — ont, au fil de centaines de générations, accumulé un savoir qui leur a permis de prospérer dans des environnements extrêmement divers. Chaque base de savoir est profondément enracinée dans la compréhension d'un lieu, d'un foyer. Le savoir que possède l'ensemble de ces cultures constitue l'ethnosphère, somme de toutes les façons qu'ont eues les êtres humains d'imaginer le monde et son fonctionnement et de penser la place qui est la leur au sein de ce monde. Si les différents niveaux de diversité biologique dans la biosphère sont essentiels à la persistance de la vie sur terre, la diversité à l'intérieur de l'ethnosphère est garante de l'existence d'un savoir, ou d'un ensemble de connaissances communes, qui a joué un rôle crucial dans la survie de l'espèce humaine au sein d'une extraordinaire variété d'écosystèmes.

La monoculture, qui consiste en la diffusion d'une espèce ou d'une souche particulière sur un vaste territoire à l'exclusion d'autres espèces ou d'autres souches, est l'antithèse même de la diversité ; elle rend une espèce ou un écosystème vulnérables aux conditions climatiques changeantes, aux prédateurs, aux infestations ou aux maladies — comme nous l'avons appris, à nos dépens, par nos expériences en agriculture, dans les pêcheries et en foresterie. On ne peut ensemencer une forêt de sapins de Douglas d'individus sélectionnés ou manipulés génétiquement dans un laboratoire en fonction de leur rythme de croissance, de leur taille et de la qualité de leur bois sans égard à l'environnement des arbres et aux autres espèces avec lesquels ils ont évolué en partenariat. Le biologiste E. O. Wilson prévoit que, dans un avenir pas si lointain, tous les arbres destinés à être abattus seront cultivés dans des « fermes d'arbres », tandis que les saumons comestibles viendront de fermes halieutiques, que les poulets auront été élevés dans des fermes de poulets, etc. La perte de polymorphisme génétique et la diminution de la diversité d'espèces qui en résultera rendront la structure génétique de la planète entière vulnérable à des forces que l'on ne saurait ni prévoir ni contrôler. Cela a failli se produire dans les années 70, alors qu'on cultivait une seule variété de maïs hybride sur de vastes territoires du sud des États-Unis ; des milliers d'hectares furent rasés en quelques mois par ce qu'on croit être une maladie fongique mutante.

Bien que primitive, la dispersion par le vent favorise la perpétuation du polymorphisme génétique et présente certains avantages face à d'autres méthodes qui permettent aussi la reproduction avec des individus non parents, comme la dispersion par les mammifères ou les oiseaux. D'abord, il vente presque constamment sur une forêt. En altitude, où les conditions printanières sont habituellement fraîches et humides, il est possible que les mammifères et les oiseaux se fassent rares, tandis qu'il est peu probable qu'il n'y ait pas de vent. En outre, l'arbre n'a pas à investir d'importantes sommes d'énergie pour rendre ses organes sexuels attrayants aux yeux des insectes pollinisateurs. Les volumineux étalages racoleurs qu'exhibent les plantes à fleurs coûtent cher à créer et leur maintenance nécessite de l'énergie, alors qu'un cône, en comparaison, est un organe relativement peu exigeant à entretenir. Comme il est fait de matériaux plus durables, le cône a une espérance de vie plus longue que celle de la fleur et, de surcroît, il n'a pas à être constamment rempli de récompenses sucrées destinées aux insectes en visite. Enfin, la distance constitue également un avantage : on a retrouvé du pollen porté par le vent à cinq mille kilomètres de la plante la plus proche susceptible de l'avoir produit, une distance beaucoup plus grande que celle qu'une abeille, un moustique ou un animal de passage auraient pu franchir. Cette dispersion augmente la diversité génétique et accroît les chances qu'ont les cônes femelles du plus esseulé des pins d'être fécondés et de produire des graines. Le phénomène devrait aussi faire office d'avertissement pour les chantres des organismes génétiquement modifiés, qui prétendent qu'il est possible de contenir de telles cultures.

Les grains de pollen du sapin de Douglas contiennent davantage de réserves de nourriture que ceux de la plupart des autres conifères ; en conséquence, comme ils sont plus gros et plus lourds, ils ne se dispersent pas aussi loin mais, dans une forêt essentiellement composée de sapins de Douglas, ils n'en ont nul besoin. Des chercheurs qui ont compté les grains de pollen sur le sol à plusieurs kilomètres du sapin de Douglas le plus proche en ont trouvé cent vingt-trois par centimètre carré ; à sept cent cinquante mètres du sapin de Douglas le plus proche, cette quantité atteignait trois cent vingt grains par centimètre carré et, immédiatement sous un sapin de Douglas, il y en avait huit cents par centimètre carré. Les chercheurs établirent que, en matière de pollinisation par le vent, la distance la plus efficace correspondait à un rayon mesurant jusqu'à dix fois la hauteur de l'arbre, ce qui, dans le cas de notre arbre, signifie que le pollen tombe avec le plus d'efficacité sur les arbres situés à l'intérieur d'un rayon de cent mètres. Ce territoire comprend la majorité des arbres du brûlis et quelques-uns des spécimens plus vieux poussant en bordure.

Les plantes à la Renaissance

À la fin du Moyen Âge, alors que notre arbre entamait la quinzième année de son existence, le monde dans son ensemble commençait à accorder davantage d'attention aux végétaux. En architecture, des poutres de bois remplaçaient les arches de pierre dans les grandes constructions telles que les cathédrales, où des cintrages de bois en demi-cercle permettaient la construction de hautes voûtes suspendues au-dessus des nefs. En matière d'habillement, la laine et le cuir cédèrent la place à des matières végétales à l'aide desquelles on confectionnait des tissus plus légers, moins chers et plus en vogue. Quand Christophe Colomb débarqua aux Indes occidentales en 1492 et entreprit de faire du troc, il se vit offrir non pas de l'or mais des fruits, des légumes et des écheveaux de fil de coton par le peuple Taino — ce fut d'ailleurs l'une des raisons qui l'incita à croire qu'il avait atteint les Indes orientales — et, six ans plus tard, Vasco de Gama revint de son voyage en Inde avec des ballots de coton filé en provenance de Calicut. Un grand nombre de voyages d'exploration entrepris au cours des deux siècles suivants étaient motivés par le besoin de découvrir de nouvelles sources de fibre de coton. À la fin du XVe siècle, on avait éprouvé la durabilité du papier lin, importé en Europe depuis la Chine (où on l'utilisait depuis le Ier siècle), et celui-ci avait quasiment remplacé le vélin et le parchemin dans la production de livres. Ce fut là l'effet le plus marquant qu'eurent les végétaux sur le nouvel ordre social : ils contribuèrent à l'essor rapide de l'imprimerie.

Quand Gutenberg inventa la machine à imprimer à Mayence, en Allemagne, entre 1447 et 1455, la disponibilité du papier lin permit d'imprimer des livres rapidement et à peu de frais. Il aurait fallu vingt ans à un moine pour recopier à la main un seul exemplaire de la Bible de Gutenberg sur du parchemin — lequel aurait été obtenu en traitant la peau de deux cents moutons.

Le génie de Gutenberg consistait à capitaliser sur l'énorme demande de textes, entraînée par l'augmentation des inscriptions dans les universités après qu'on eut redécouvert les ouvrages sur la nature écrits par les philosophes arabes et grecs. Son invention ouvrait la voie à la production de livres en masse. Les presses se mirent à cracher de nouvelles éditions d'Aristote, d'Euclide, de Dioscoride et de Théophraste ; du coup, les discussions portant plus largement sur les implications ou les lacunes des textes de ces auteurs classiques n'étaient plus seulement possibles, elles devenaient inévitables. La lecture, puis l'éducation, devinrent vite une passion populaire plutôt qu'un passe-temps de riches. La vitesse à laquelle l'imprimerie se répandit en Europe témoigne de cette nouvelle soif de savoir. Cinquante ans après la Bible de Gutenberg, on trouvait des presses dans soixante villes d'Allemagne et d'autres en Italie, en Espagne, en Hongrie, au Danemark, en Suède, en Angleterre, qui toutes produisaient des ouvrages résolument destinés au public. On estime qu'à la fin du XVe siècle, vingt millions de livres avaient déjà été imprimés ; comme le tirage moyen était inférieur à cinq cents exemplaires, c'est plus de quarante mille titres qui se retrouvaient dans les mains des lecteurs ordinaires.

Bon nombre de ces nouveaux titres étaient consacrés aux plantes. L'*Herbarius* en latin fut imprimé en 1484, suivi de l'*Herbarius* allemand en 1485. Les deux ouvrages étaient des traités sur les plantes décrites par des auteurs classiques, le plus souvent Dioscoride, mais, pour la première fois, ils comprenaient aussi des descriptions de plantes indigènes. Le nombre de végétaux connus de la science grimpa de manière spectaculaire, surtout après que Colomb fut revenu du Nouveau Monde avec des spécimens ne ressemblant en rien à ce qui avait déjà été décrit par les Grecs ou même par Marco Polo. Ce déluge de nouvelles plantes eut sur la botanique du XVe siècle un effet similaire à celui de l'invention du télescope sur l'astronomie du XVIe. L'apparition d'une nouvelle façon de concevoir le monde était désormais inévitable : plutôt que de jeter constamment un coup d'œil inquiet par-dessus son épaule, on considérait dorénavant le présent avec assurance, et on osait même scruter l'avenir.

Le 10 mai 1534, les deux navires de Jacques Cartier « vin[rent]à Terre Neuffve ». Au cours des semaines qui suivirent, tandis qu'il descendait le Saint-Laurent, Cartier découvrit une multitude de petites îles peuplées de plantes, d'animaux et d'oiseaux étranges. La plus grande partie du territoire, rapporta-t-il, était dénudée, et « ne se doibt nonmer Terre Neuffve mais pierres et rochiers [effarables] et mal rabottez car en toute la*dite* coste du nort je n'y vy une chareté de terre et si descendy en plusieurs lieux ». Sauf à Blanc-Sablon, il ne vit « que de la mousse et de petiz bouayz avortez ». Un autre groupe d'îles où les marins débarquèrent pour y faire provision d'eau et de bois, était toutefois suffisamment fertile pour supporter la végétation, et Cartier prit plaisir à décrire le butin qu'ils y amassèrent : « Ceste *dite* ille est la milleure terre que nous ayons veu car ung arpant d'icelle terre vault mielx que toute la Terre Neufve. Nous la trouvames plaine de beaulx arbres prairies champs de blé sauvaige et de poys en fleurs aussi espes et aussi beaux que je viz oncques en Bretaigne queulx sembloict y avoir esté [semés] par laboureux. Il y a force grouaiseliers frassiers et rossez de Provins persil et aultres bonnes erbes de grant odeur. » Dommage que Cartier n'ait pas eu de botaniste à bord, comme ce fut le cas des expéditions subséquentes. Son « blé sauvaige » pouvait être n'importe quel membre indigène de la famille des *Leguminosae*, de la gesse maritime *(Lathyrus japonicus)* au vesce pourpré foncé *(Vica americana)*, et il était assurément inconnu en Bretagne. Quant au mystérieux membre de la famille des roses qu'il aperçut (famille qui en compte des dizaines), chose certaine, ce n'était pas une rose de Provins.

Les nouvelles plantes avaient besoin de nouveaux noms, et ceux-ci étaient de plus en plus souvent donnés en langue vernaculaire plutôt qu'en grec ou en latin. Les végétaux étaient dessinés et décrits par des herboristes et, tout nouvellement, par des botanistes amateurs. Tel était Jérôme Bock, botaniste allemand dont l'ouvrage *Neu Kreütterbuch*, publié en 1539, consistait en un recueil des plantes que l'auteur avait observées lors de ses excursions et qu'il avait baptisées de noms allemands. Il organisa les quelque sept cents plantes décrites et illustrées selon les trois catégories établies par Théophraste — herbes, arbustes et arbres —, mais exposa aussi leurs caractéristiques physiques (taille, feuillage, type de système racinaire, moment de la floraison) et les présenta non pas en ordre alphabétique ni par propriétés médicinales, mais en fonction de la similarité de leur allure, de la forme de leur corolle, de leur couleur et de la formation de leurs capsules de graines. L'ouvrage, une sorte de *Petit Guide Peterson des plantes d'Allemagne*, valut à Bock le titre de père de la botanique allemande.

L'intérêt naissant pour les plantes exotiques entraîna l'apparition d'un autre phénomène : le jardin botanique public. Les monastères, les couvents, les universités et les demeures royales disposaient depuis longtemps de jardins « de physique » privés, enceintes cloîtrées ou vastes plantations où l'on cultivait des plantes potagères ou reconnues pour leurs vertus médicinales. Les plantes y étaient également étudiées et utilisées en tant qu'instruments de démonstration dans les cours. Parfois, ces jardins n'avaient d'autre usage que d'être des lieux magnifiques et bénéfiques pour la santé, où les mieux nantis pouvaient venir se réfugier quand ils étaient las des villes de plus en plus surpeuplées, où la peste faisait des ravages. Les nouveaux jardins botaniques s'enorgueillissaient des plantes originaires de partout sur la planète, qui y étaient exposées pour leur beauté et leur intérêt autant que pour leur utilité. Les fameux Jardins Boboli de Florence virent le jour en 1550, quand Cosme Ier de Médicis acheta le palais Pitti, qu'il entreprit d'agrandir. Dessinés par Niccolò Pericoli, ces jardins occupaient trois cent vingt hectares où poussaient les plantes les plus luxuriantes et exotiques de la planète, le tout exclusivement pour le plaisir de la famille Médicis. À la même époque, le premier jardin botanique public ouvrit à Padoue, en 1545, sous la direction de Luigi Anguillara. En 1567, les Jardins botaniques de Bologne furent créés par Ullise Aldrovandi, qui fut également le premier professeur à inclure, dans les cours d'histoire naturelle qu'il donnait à l'Université de Bologne, des plantes auxquelles on ne connaissait pas de vertu médicinale, et qui étaient donc estimées du simple fait qu'elles existaient.

L'Italien Prospero Alpini fut sans doute le plus célèbre botaniste de tous les temps. Né en 1553 — ce qui fait de lui presque exactement un contemporain de Shakespeare —, il étudia la médecine à l'Université de Padoue, dont il connaissait intimement les jardins. Plus tard, il voyagea en Égypte, vécut au Caire pendant trois ans avant de revenir à l'Université de Venise, où il devint *lettore dei semplici*. Son ouvrage *De Plantis Aegypti*, publié en 1592, présentait à ses lecteurs curieux un vaste éventail de végétaux exotiques, dont plusieurs allaient avoir un effet retentissant sur l'avenir du commerce européen, comme le bananier *(Musa sapientum)* et le caféier *(Coffea arabica)*. En effet, le café et les bananes qu'on cultive aujourd'hui en abondance en Amérique centrale et en Amérique du Sud viennent d'arbres qui y ont été plantés par des marchands européens qui les avaient rapportés d'Afrique. Bien qu'il n'en ait pas tout à fait saisi le mécanisme, Alpini observa aussi que la fertilisation d'un arbre — dans ce cas précis, un palmier dattier *(Phoenix dactylifera)* — était un processus sexuel. Du coup, il se trouvait à corroborer les croyances des Assyriens qui, quatre mille ans plus tôt, accomplissaient des rituels complexes où des prêtres procédaient à la fécondation croisée de palmiers dattiers. Si les jardiniers se livraient à la fécondation et à la pollinisation croisée des plantes depuis des siècles, Alpini fut l'un des premiers botanistes à étudier le fonctionnement de la pollinisation. Il décrivit le mouvement phototrope des feuilles du tamarin *(Tamarindus indica)* sans saisir qu'elles suivaient la course du soleil — il croyait plutôt que les feuilles étaient à la recherche d'air frais. L'intérêt qu'il manifestait pour les plantes n'était d'ordre ni mystique ni académique : il considérait les végétaux avec émerveillement et curiosité, c'est-à-dire avec le regard d'un scientifique plutôt que celui d'un magicien ou d'un herboriste. Alpini et Shakespeare moururent tous les deux en 1616. Au moment où cet autre Prospero, le héros de *La Tempête,* dernière pièce de Shakespeare, posa son livre d'incantations, l'âge de la magie s'éteignit.

Un monde de fougères

La salamandre a passé son chemin, mais le polystic des rochers *(Polysticum scopulinum)*, sorte de mince fougère, pousse toujours en éventail à la base de notre arbre. Les fougères ont quelque chose d'élémentaire, de fondamental : leur beauté est mathématique, comme celle des flocons de neige ou des cristaux. On dirait des plantes dessinées par ordinateur pour illustrer la théorie du chaos. Les fougères possèdent la même structure essentielle que notre arbre, mais en deux dimensions seulement. En effet, tandis que les branches d'un arbre rayonnent dans toutes les directions depuis sa tige centrale, les feuilles du polystic des rochers se présentent par paires et sont plates, comme l'ombre d'un arbre. Comme toutes les fougères, celle-ci est une plante dentelée, élégante, dont chaque feuille s'élève jusqu'à une hauteur d'un mètre et demi ; des doigts vert pâle se déploient à partir de l'axe, semblables à des lames de couteau, régulièrement disposés de chaque côté, fuselés à la pointe, dessinant un motif classique. Juste au-dessus du rhizome enterré qui a un peu la forme d'une poignée, la base de la fougère est recouverte d'écailles brunes et craquantes.

Les fougères foisonnent dans presque tous les habitats de la planète. Le groupe auquel appartient le polystic des rochers compte des dizaines de membres, qui incluent aussi les prêles et les courants verts, associés au sous-étage de la forêt de sapins de Douglas, où la présence de fougères et de salamandres est le signe d'un écosystème sain. Le blechnum en épi *(Blechnum spicant),* seul membre du genre tropical que l'on retrouve en Amérique du Nord, ressemble au polystic des rochers mais il est plus court, et ses feuilles sont non pas séparées mais continues, comme les pales d'une tondeuse plutôt que des lames de couteaux superposées. Il pousse dans des zones humides où les thuyas se plaisent davantage. Le polystic des rochers et le blechnum en épi sont tous deux sempervirents, mais le gymnocarpe fougère du chêne *(Gymnocarpium dryopteris)* perd ses feuilles à trois pointes l'automne venu ; il préfère les sols acides des pentes et des falaises. Le polypode réglisse *(Polypodium glycyrrhiza)* est un épiphyte ; il pousse sur les troncs moussus des érables grandifoliés. Tous appartiennent à la grande famille des fougères

Les fougères ressemblent à des arbres primitifs parce que c'est exactement ce qu'elles sont. Après avoir gagné le continent, les plantes marines, les algues, évoluèrent jusqu'à devenir des bryophytes (mousses et hépatiques) puis, lorsque la compétition pour la lumière se fit plus féroce, elles s'élevèrent davantage et devinrent des ptéridophytes (plantes dotées de racines, de tiges et de feuilles, mais dénuées de fleurs et de graines). Ce sont les prêles qui eurent le plus de succès ; parmi les différentes espèces qui poussent dans notre forêt, on trouve le prêle des champs, le prêle des eaux, l'*Equisetum laevigatum* et les divers prêles d'hiver, que l'on nomme en anglais *scouringrushes* (c'est-à-dire, littéralement, outils à récurer), lesquels, une fois moulus, étaient effectivement utilisés par les autochtones pour récurer les ustensiles de cuisson. En plus de la cellulose, leur tige contient de la silice qui fait aussi office d'agent raidissant. Les feuilles des prêles d'hiver ressemblent à des écailles de bourgeons. Leurs tiges creuses et articulées, un peu à la manière de celles du bambou, sont aussi dures que des clous ; elles peuvent déplacer des dalles de béton et pousser à travers l'asphalte.

Pendant des millions d'années, les fougères, les prêles et les lycopodes ont dominé le monde végétal, atteignant leur apogée au cours de la période carbonifère où, dressés sur leurs tiges grosses comme des troncs d'arbre, ils baignaient les continents marécageux dans l'ombre de leurs immenses frondaisons. À la fin de la période carbonifère, toutefois, comme le climat s'asséchait progressivement, les fougères périrent en masse ; les énormes dépôts de charbon et de pétrole datant du carbonifère — que nous exploitons depuis deux siècles — sont entièrement constitués de ptéridophytes fossiles. Les lycopodes sont aujourd'hui des plantes de petite taille mais, au milieu du XIXe siècle, une veine de charbon de la England's Bensham Coal révéla des lycopodes fossiles du carbonifère si gigantesques que la mine invita des scientifiques à venir les examiner. Les premières branches se trouvaient à douze mètres de la base, elle-même large d'un mètre. Personne n'avait jamais rien vu de tel, et bien peu nombreux sont ceux qui ont vu quoi que ce soit de semblable depuis. La plante fut débitée et vendue comme charbon — il se peut même qu'elle ait alimenté la locomotive tirant le train qui ramenait les scientifiques à Oxford —, mais la preuve était faite. L'énergie thermique qui se dégage de la combustion d'un morceau de charbon vient du soleil, et a été emmagasinée il y a trois cents millions d'années par un ptéridophyte.

Les fougères sont cryptogames (des mots grecs signifiant « caché » et « mariage ») ; elles se reproduisent par le biais de spores qui, en matière de reproduction, constituèrent la toute première évolution postérieure à la division cellulaire. En effet, les spores semblent être une sorte de phase de transition entre la division cellulaire et la sexualité à proprement parler. Les fougères se reproduisent par alternance de générations, phénomène décrit pour la première fois par le botaniste allemand Wilhelm Hofmeister, dont l'intérêt pour la division cellulaire et la formation du pollen découlait peut-être de ce que, affligé d'une myopie sévère, il avait tendance à tout examiner de très près. C'est ainsi qu'il apprit à utiliser fort habilement une loupe binoculaire et fut le premier botaniste à observer les chromosomes dans le noyau d'une cellule — bien qu'il n'ait pas su de quoi il s'agissait.

La fougère mature émet des milliers de spores. Celles qui tombent sur un sol humide et ombragé se mettent immédiatement à pousser, mais elles ne forment pas tout de suite des fougères reconnaissables ; elles donnent plutôt naissance à des gamétophytes, plantes basses et plates de quelques centimètres de diamètre portant sous leurs feuilles des organes qui produisent non pas des spores mais les organes sexuels normaux des végétaux — l'anthéridie mâle et l'archégone femelle — caractéristiques de ceux que possèdent aujourd'hui les conifères. Ces organes sexuels « cachés » « se marient » pour produirent une graine qui, une fois fertilisée, deviendra une fougère. Il se peut que cette méthode de reproduction indirecte et compliquée ait

Forêt de sapins de Douglas

été développée pour assurer une solution de rechange à la famille dans le cas où les conditions climatiques seraient tout à coup devenues défavorables à l'une ou l'autre stratégie, la production de spores ou la dispersion de graines.

Bien que les conditions climatiques aient changé du tout au tout à la fin de la période carbonifère, entraînant la disparition des énormes plantes, la lignée des fougères est demeurée pratiquement intacte jusqu'à aujourd'hui, ce qui explique qu'elles soient si nombreuses. En effet, il existe sur la planète vingt mille espèces de fougères, incluant au moins un fossile vivant, le prêle des champs, qui, plus petit que ses formidables ancêtres, est l'une des fougères de ce type les plus largement répandues. Certaines fougères modernes ne sont pas si menues : les admirables fougères arborescentes des tropiques font souvent trente mètres de hauteur ou plus, et le prêle géant (*Equisetum giganteum*) peut atteindre dix mètres. La plupart ont cependant retrouvé la taille de leurs lointaines aïeules d'avant le carbonifère, et mesurent moins d'un mètre. Les champignons se reproduisent toujours uniquement par le biais de spores ; les gymnospermes, comme notre arbre, qui descendent tous des fougères, ont plutôt opté pour la production de graines. Hofmeister a prouvé hors de tout doute que, du point de vue de l'évolution, les conifères étaient le maillon entre les fougères et les végétaux à fleurs.

Gymnosperme signifie « graine nue », du latin *gymno*, « nu » (les athlètes romains se produisaient nus dans les gymnases) et *sperma*, « graine ». Ainsi, si l'on nomme en anglais le cachalot « *sperm whale* », c'est qu'on croyait autrefois que la substance grasse et laiteuse contenue dans la tête de la baleine était une semence. Chez les gymnospermes, les ovules à l'intérieur desquels les graines se développent sont exposés sur les écailles des cônes et non pas recouverts par des carpelles protecteurs, comme c'est le cas chez les végétaux à fleurs plus tardifs, les angiospermes (« graines enfermées »). Les organes responsables de la production de graines chez les conifères s'appellent encore sporophytes, terme désignant les organes responsables de la production des spores chez les fougères. Et chez les prêles et les lycopodes, les spores sont contenues dans des strobiles (du latin « *strobilus* », qui signifie « cône »).

Les gymnospermes se distinguent des fougères en ce que l'évolution les a dotés d'un cambium. Ils ont aussi renforcé leur tige, augmenté leurs quantités de cellulose et de lignine en tant qu'agents solidifiants et rempli de bois mort leurs cœurs creux. La raison de tous ces changements demeure inconnue. Il est possible qu'ils se soient adaptés au climat sec qui a suivi la période carbonifère ; en effet, du point de vue de l'évolution, une écorce extérieure plus robuste et un moyen de transporter plus efficacement l'eau des racines jusqu'à la cime auraient constitué des avantages non négligeables. Et il aurait été préférable de déployer de vastes systèmes racinaires plutôt que de dépendre des rhizomes pour recueillir l'eau souterraine, qui se faisait de plus en plus rare. Il se peut aussi que la stratégie ait été le résultat direct du passage de la reproduction par les spores à la reproduction par les graines : comme les graines et les cônes à pollen étaient plus gros et plus lourds, il fallait des tiges plus robustes pour les supporter. Les cycadales — arbres tropicaux apparentés aux palmiers —, notamment, ont des organes génitaux énormes. Tandis que les ovules des sapins de Douglas ne mesurent que quelques millimètres, ceux de certains cycadées atteignent six centimètres, et les cônes qui les portent peuvent peser jusqu'à quarante-cinq kilos. Même les prêles du carbonifère, semblables à des arbres, auraient été incapables de supporter des centaines de cônes aussi colossaux avec leur faible tige creuse et leurs branches insuffisantes. La solution : le bois de cœur.

Les conifères ont cependant conservé la taille fine de leurs ancêtres les fougères ; leur tronc est haut et fuselé, mais ils ne sont pas massifs. Quelque gigantesque qu'il puisse paraître, le sapin de Douglas est, toutes proportions gardées, l'un des arbres les plus minces du monde, compte tenu de sa hauteur. Le mât portant le drapeau du Kew Gardens en Angleterre a été taillé dans un sapin de Douglas de trois cent soixante et onze ans, haut de quatre-vingt-deux mètres qui, à la base, avait une largeur de quatre-vingt-deux centimètres seulement. En réduisant proportionnellement ces dimensions, on obtient une fougère.

La vie sexuelle dans la forêt

Le cône femelle du sapin de Douglas peut recevoir les grains de pollen mâles pendant vingt jours, c'est-à-dire à peu près jusqu'à la fin du mois d'avril. Une fois qu'un grain de pollen a glissé le long de la surface lisse de la bractée du cône à graines, il se trouve prisonnier des petits poils collants fixés au bout de l'ovule femelle. Il s'y prélassera pendant deux mois tandis que les lèvres de l'ovule gonfleront autour de lui jusqu'à lentement envelopper le grain qui s'y enfonce comme dans un mol oreiller soyeux. Début mai, une ouverture se dessine et l'ovule devient vulve ; les poils collants se contractent dans une entrée secrète donnant sur un passage, le canal micropylaire, et le grain de pollen est aspiré avec eux. Il entame alors son ascension vers le nucelle, la partie de l'ovule qui contient le gamétophyte femelle. Au cours de son trajet, le grain de pollen s'allonge jusqu'à devenir une tige rigide dont les parois sont composées de cellulose et de pectine. À ce stade, le grain germe à l'intérieur de la tige pour produire deux gamètes, cellules reproductrices mâles, et ce n'est qu'à ce moment que le tube pollinique entre en contact avec le nucelle. La pointe du tube rencontre, pousse doucement et enfin pénètre le nucelle.

Chez les pins, le tube pollinique flotte jusqu'au nucelle dans un fluide sucré et irisé à l'intérieur de l'ovule, mais les sapins de Douglas n'ont pas de tel liquide ; le pollen y est transporté du stigmate au nucelle par une sorte de repli musculaire. Quoi qu'il en soit, dans la zone littorale, c'est le mois de mai, lequel s'accompagne de pluie, et il arrive que de l'eau s'infiltre dans l'ovule. Lorsque cela se produit, le processus se modifie pour devenir similaire à celui qui a cours chez les pins, et l'eau facilite le voyage du grain de pollen le long du canal ovulaire jusqu'au nucelle, qui écarte ensuite les molécules d'eau et reçoit le pollen germé. Au fil de milliers d'années, le sapin de Douglas s'est adapté au fait qu'il pleut souvent à l'éclosion des bourgeons, et la pollinisation s'effectue sans heurt avec ou sans la présence lubrificatrice de la pluie.

Après avoir pénétré le tissu de surface du nucelle, le tube pollinique se repose jusqu'à trois semaines avant de poursuivre son voyage vers le col de l'archégone, qu'il pénètre, se rapprochant toujours de l'oosphère. À ce stade, le contenu entier du tube pollinique — le cytoplasme renfermant le noyau, la cellule somatique contenant les deux gamètes mâles, et la cellule de tige — s'amalgame pour former un cylindre et se déplace jusqu'à la pointe du tube. La membrane qui sépare les cellules reproductrices mâles du cytoplasme se rompt et le tube pollinique éjacule les cellules qui se fusionneront à l'oosphère.

Un cône femelle peut recevoir plus d'un grain de pollen. Tous les grains superflus se dissolvent et contribuent à la réserve de nutriments de la graine.

À l'été 1633, quand on eut mis la dernière main au nouveau Jardin des Plantes de Paris, faubourg Saint-Victor, Gui de La Brosse en fut nommé premier directeur. Il y avait dix ans qu'il prônait la création d'un tel établissement, qu'il concevait à la fois comme un jardin public, un laboratoire chargé de produire des remèdes issus des plantes et une institution où l'on enseignerait une nouvelle science : la chimie. La première année de son directorat, La Brosse cultiva mille cinq cents plantes et enseigna à ses étudiants les caractéristiques de leurs « extérieurs », par quoi il entendait leurs formes et leurs rapports, aussi bien que de leurs « intérieurs », c'est-à-dire leurs propriétés médicinales.

La Brosse, l'un des scientifiques les plus visionnaires de son époque, était stupéfait de constater à quel point le fonctionnement des végétaux se rapprochait de celui des animaux. Les uns comme les autres, raisonnait-il, connaissent l'engendrement, la croissance et le mouvement, ont besoin de nutrition, de sommeil (l'hibernation), et même de rapports sexuels ; il fut le premier à suggérer que les plantes se reproduisent, comme les animaux, par l'accouplement sexuel de mâles et de femelles. Il alla même jusqu'à s'interroger à savoir si les plantes avaient une âme. La vie, c'était la vie, soutenait-il, qu'elle se présente sous forme animale ou végétale, et la vie et la mort étaient régulées non pas par quelque graine plantée au moment de la création, mais par un ensemble de facteurs environnementaux. Dans son laboratoire tout neuf, il tenta de faire pousser des plantes dans des pots contenant du sol stérilisé et de les arroser avec de l'eau distillée ; quand elles moururent, il conclut que les plantes extrayaient des nutriments du sol sous la forme de sels, et de l'eau sous forme de « manne ». Il essaya également de faire pousser des plantes dans un vacuum, avec des résultats similaires : l'air, qu'il appelait plutôt « esprit », était nécessaire aux plantes comme aux animaux. Les plantes étaient dépourvues de poumons, comme les insectes, pourtant ceux-ci ne pouvaient pas vivre sans air. Dans un chapitre consacré à la chimie végétale, il faillit élucider la photosynthèse ; le changement chimique, écrivit-il, consistait en la rencontre de deux agents — la forme de la plante, qu'il appelait « l'Artisan » et le feu, « l'instrument universel », ou « le Grand Artiste ».

Quand l'institution ouvrit finalement ses portes au public, en 1640, le Jardin des Plantes abritait plus de mille huit cents plantes, dont un grand nombre avaient été expédiées des Indes orientales et des Amériques à la demande de La Brosse qui, malheureusement, après tant de préparatifs, mourut l'année suivante.

Rudolf Jakob Camerarius poursuivit son œuvre. En 1688, ce physicien d'origine allemande était, à l'âge de vingt-trois ans, à la fois professeur extraordinaire de médecine à l'Université de Tübingen et directeur des jardins botaniques de la ville. Il commença à s'intéresser à la question de la sexualité des plantes en 1691, après avoir observé, dans les jardins, un mûrier femelle qui produisait des fruits en abondance bien qu'il n'y eût aucun arbre mâle dans les environs. En examinant les mûres, il constata qu'elles ne contenaient que des graines abortives, ou graines vides. Il compara ces fruits sans graines aux œufs vides non fertilisés des poules pour conclure que, comme ces dernières, les arbres femelles avaient besoin de mâles pour produire des graines viables. Jusque-là, toutefois, cette conclusion n'était qu'une hypothèse non prouvée, fondée sur une seule observation ; Camerarius contribua à l'avancement des connaissances en botanique en en testant la validité à l'aide d'une série d'expériences.

Il planta deux *Mercurialis annua* femelles dans des pots à l'intérieur, loin de toute plante mâle, et les laissa pousser. Comme les mûriers, les plantes se développèrent sans encombre et produisirent des fruits abondants ; une fois le fruit à demi-mûr, toutefois, il se ratatinait et tombait, ne contenant aucune graine parfaite. Camerarius retira alors les inflorescences mâles sous l'ouverture des anthères des fleurs mâles du *Ricinus communis* ; la plante ne produisit que « des vaisseaux vides, qui tombèrent sur le sol épuisés et desséchés ». Il répéta l'expérience avec l'épinard, le maïs et *Cannabis sativa* — la marijuana —, plantes dont aucune ne produisit de graines viables. « Il semble, en conséquence, écrivit-il dans *Epistola de sexu plantarum*, justifié de donner à ces apex [les anthères] un nom plus noble et de leur attribuer la fonction d'organes sexuels mâles, puisqu'ils sont les réceptacles à l'intérieur desquels la graine elle-même, c'est-à-dire la poudre qui est la part la plus subtile de la plante, est sécrétée et recueillie, pour en être ensuite expulsée. Il est également évident que l'ovaire, avec son style, représente l'organe sexuel femelle de la plante. »

Début juin, le noyau de l'oosphère de la femelle se gonfle et va se placer au centre de l'archégone, tandis que le cytoplasme qui l'entoure se métamorphose en un épais liquide fibreux. Le noyau, semblable à une île au milieu d'un lac visqueux, est le but des gamètes mâles. En pénétrant le nucelle, le tube pollinique déverse son contenu entier — les noyaux, les deux gamètes (dont un seul atteindra l'île) et la cellule de tige — dans l'archégone. Le plus gros des deux gamètes fonce à travers le cytoplasme vers le noyau au centre du lac, tandis que le plus petit abandonne et se désintègre, ajoutant son matériel génératif à la graine en formation. Le gamète restant atteint le noyau dont il pénètre la membrane petit à petit, et fertilise l'oosphère. La deuxième semaine de juin, notre arbre a atteint la maturité sexuelle. Dans les embryons en développement, les cellules continuent de se multiplier pendant les mois de juillet et d'août, à peu près au moment où les Pilgrim Fathers, pères de l'Amérique, font leurs premières récoltes dans les champs qu'ils ont découverts déjà défrichés et abandonnés dans la forêt de la Nouvelle-Angleterre. En septembre, quand le temps est favorable, sur les deux côtes de l'Amérique du Nord, les graines sont prêtes ; dans notre arbre, le cône femelle écarte ses bractées et libère ses quarante mille graines ailées dans l'air automnal tiède et sec.

Chapitre 4 Maturité

Il y a trois cents ans que notre arbre offre ses graines aux brises tièdes de l'automne. Les bonnes années — et celle-ci en est une —, il en produira de grands nombres, mais toutes les années n'ont pas été bonnes. Certains automnes, il n'a libéré aucune graine. Tous les arbres produisant des graines ont des cycles de reproduction — les chênes sont particulièrement reconnus pour leur production irrégulière, mais même les pommiers domestiques ne produisent bien qu'une année sur deux. Le rythme de la production de graines d'un sapin de Douglas dépend de trois cycles qui se chevauchent : son propre cycle de deux ans, un cycle de sept ans (pour des raisons toujours inconnues) et un cycle de vingt-deux ans, qui semble correspondre aux pointes d'activités des taches solaires. Quand ces courbes coïncident, ce qui se produit

De même que les bourgeons produisent de nouveaux bourgeons, et que ceux-ci, s'ils sont vigoureux, forment des branches qui éliminent de tous côtés les branches plus faibles, de même je crois que la génération en a agi de la même façon pour le grand arbre de la vie, dont les branches mortes et brisées sont enfouies dans les couches de l'écorce terrestre, pendant que ses magnifiques ramifications, toujours vivantes et sans cesse renouvelées, en couvrent la surface.

CHARLES DARWIN, *De l'origine des espèces*

environ une fois tous les dix ans, l'arbre a une production extraordinaire. Si notre arbre était un chêne, cette « année de semence » s'appellerait « paisson pleine ».

Chez les chênes, la paisson a été liée à l'apparition de la maladie de Lyme par un complexe enchaînement d'événements. En 1975, des chercheurs en médecine à l'Université Yale ont étudié un groupe de plus de cinquante cas d'arthrite juvénile dans la petite ville côtière de Lyme, au Connecticut. Allan Steele et ses collègues découvrirent l'éruption cutanée caractéristique en forme de cible, qui a pour nom *erythema migrans*, et l'enflure des articulations symptomatiques de ce que l'on en viendrait à connaître sous le nom de maladie de Lyme. En 1982, Willy Burgdofer trouva que la maladie était causée par un spirochète, *Borrelia burgdorferi*, découvert dans le fluide des tiques.

Les cerfs de Virginie se nourrissent habituellement de feuilles et de pousses d'arbres mais, les années de paisson, ils passent leur temps dans les forêts de chênes à se régaler de glands. Là, ils constituent des cibles attrayantes pour les tiques à pattes noires *(Ixodes scapularis)*. Les tiques femelles se nourrissent pendant quatre ou cinq jours puis, gorgées de sang, se décrochent de leur hôte et tombent dans les feuilles qui couvrent le sol, où elles passeront l'hiver. Au printemps, elles pondent des masses ovigères contenant de plusieurs centaines à quelques milliers d'œufs.

La profusion de glands les années de paisson attire aussi les souris à pattes blanches *(Peromyscus leucopus)*, qui cueillent et stockent des noix en quantité. Elles ont ensuite des portées plus nombreuses qu'à l'habitude, et les petits connaissent un taux de survie plus élevé qu'à l'ordinaire, ce qui se solde, l'année suivante, par une explosion de la population de souris, offrant ainsi de multiples opportunités de se nourrir aux tiques à pattes noires nouvellement écloses. Les souris à pattes blanches sont porteuses de spirochètes ; quand elles sont parasitées par les jeunes tiques, elles leur transfèrent la bactérie en même temps que le sang dont ces dernières se nourrissent, et les infectent. Repues, les tiques tombent sur le sol pour y passer l'hiver et émergent au printemps sous la forme de nymphes prêtes à répandre les spirochètes. Si un passant s'aventure par là, les tiques s'attacheront à lui à son insu. C'est ainsi que, deux ans après une année de paisson, les cas de maladie de Lyme grimpent en flèche chez les êtres humains.

Lisa Curran et ses collègues ont découvert un autre aspect fascinant des années de semence alors qu'ils étudiaient les *Dipterocarpaceae*, la principale famille d'arbres de forêts de la canopée, en Indonésie. De 1985 à 1999, les chercheurs se concentrèrent sur un territoire de cent quarante-sept kilomètres carrés du parc national Gunung Palung, à Bornéo. Ils découvrirent que l'écosystème forestier dans son ensemble connaissait un phénomène semblable à la paisson : plus de cinquante espèces d'arbres diptérocarpes se reproduisaient de manière synchrone, produisant d'énormes quantités de fruits et de graines lors de périodes brèves et intenses, en fonction d'un cycle d'une durée de 3,7 ans. Quand ces paissons surviennent, le sol de la forêt se trouve couvert de graines et de fruits. Au cours d'une période de semence de six semaines, quatre-vingt-treize pour cent des arbres perdent leurs graines, ce qui, ainsi que le mesurèrent les chercheurs, représente une masse de mille trois cents kilogrammes par hectare, soit un peu plus d'une demi-tonne à l'acre. Une multitude d'animaux sont attirés par la manne, incluant des sangliers, des orangs-outans, des perroquets, des coqs sauvages, des perdrix, d'innombrables insectes, et jusqu'aux villageois. Les scientifiques découvrirent que le facteur qui déclenchait ce phénomène était l'arrivée d'El Niño, changement périodique des courants océaniques tropicaux, qui provoque une sécheresse en Indonésie du mois de juin au mois d'août. La paisson suit la sécheresse. Il s'agit d'une stratégie extraordinaire qui, fruit de l'évolution, est mise en œuvre par une population entière d'arbres.

Certains biologistes croient aussi que le phénomène s'inscrit dans la stratégie des arbres pour contrôler les prédateurs. En alternant les années de semence et de longues périodes sans noix, les arbres soumettent les animaux dont l'existence dépend des graines et des noix à des cycles d'abondance et de disette. Si la disette dure assez longtemps, la population d'animaux chute et les arbres n'ont plus rien à craindre, du moins pour un temps. En Chine, quelques espèces de bambou ne produisent des graines qu'une fois tous les cent ans, après quoi la plante meurt, entraînant des famines chez les pandas qui s'en nourrissent.

Les écureuils et les oiseaux chanteurs grands dévoreurs de graines

Dans la forêt de sapins de Douglas, l'écureuil de Douglas (*Tamiasciurus douglasii*) est le principal ennemi des graines. Véritable boule d'énergie, il est long d'une vingtaine de centimètres, gris bleu, a le tour des yeux et le ventre clairs, les oreilles noires, et une queue plus courte que son corps. En été, l'écureuil de Douglas s'assied sur les branches les plus hautes d'un arbre, détache un cône mûrissant et entreprend de l'éplucher systématiquement, enlevant une à une les écailles, en commençant par le bas, pour manger les graines à la base du cône avant de se débarrasser des écailles vides puis, finalement, de jeter l'axe dénudé sur le sol. Maintenant, en automne, les écureuils cueillent frénétiquement des milliers de cônes à graines avant que celles-ci ne se dispersent. Ils détachent les cônes à la tige, les laissent tomber par terre puis se hâtent de descendre pour aller les cacher dans des trous sous des troncs et des souches, où ils demeureront humides et ne perdront pas leurs graines. Un bon nombre sont enterrés à la va-vite dans le sol de la forêt, où quelques-unes de leurs graines germeront et pousseront. Les écureuils travaillent à une vitesse et avec une efficacité étonnantes. On a observé, en Californie, un individu détacher cinq cent trente-sept cônes de séquoia en trente minutes ; il lui a fallu quatre jours pour entreposer sa récolte. John Muir, grand admirateur du zèle de ce petit mammifère, a estimé que jusqu'à cinquante pour cent de la production de cônes de la forêt passait entre les pattes énergiques des écureuils de Douglas.

Comme leurs proches parents les écureuils roux *(Tamiasciurus hudsonicus)*, les écureuils de Douglas défendent férocement leur territoire qui, dans une forêt de sapins de Douglas mature, mesure environ un hectare par individu. L'écureuil de Douglas chasse les écureuils volants, les tamias et tout particulièrement les autres écureuils de Douglas — y compris d'éventuels partenaires sexuels — de son territoire en poussant des cris stridents et répétés. Il y confectionne un nid d'été dans les fourches de hautes branches, s'appropriant parfois l'aire abandonnée d'un autour ou d'un grand corbeau. En automne, il laisse ce nid pour un abri d'hiver aménagé au creux d'un tronc d'arbre, dans un trou apparu suite à la chute d'une branche et à l'infiltration d'eau de pluie qui — souvent avec l'aide des insectes, des pics noirs et des pics rosés — y a creusé une cavité. Après avoir tapissé le trou d'aiguilles et de lambeaux d'écorce, l'écureuil en bourre le fond de graines qui lui servent de réserve d'urgence. Il n'entre pas dans une profonde hibernation au cours de l'hiver, mais sommeille pendant quelques jours, se réveille pour grignoter dans sa cache avant de se rendormir.

Au printemps, il entame son propre cycle de reproduction, qui suit celui de l'arbre. Tandis qu'il est occupé à faire la cour et à se reproduire, en avril, l'écureuil se nourrit du pollen du sapin de Douglas et du pin lodgepole ; quand les petits naissent, au mois de mai, les parents se gavent des jeunes pousses et bourgeons de l'arbre. Les bébés sont allaités pendant huit semaines, jusqu'à la mi-juillet, après quoi ils sont chassés du nid parental et se débrouillent seuls. Les écureuils d'un an doivent désormais dénicher leur propre réserve de nourriture hivernale, et ils commencent à manger des cônes à graines matures, entrant ainsi en concurrence avec les adultes dont le territoire est déjà établi. C'est le mal qu'ont les adultes d'un an à trouver et à défendre leur propre territoire qui empêche la population d'écureuils de Douglas d'envahir la Terre entière ; plusieurs, incapables de se tailler une place, ne parviennent pas à stocker suffisamment de nourriture pour l'hiver et meurent de faim avant le printemps, problème encore accentué par le pillage de la forêt ancienne de sapins de Douglas.

Au cours de la première semaine de septembre, à temps pour l'éclosion des graines, les oiseaux chanteurs commencent à arriver pour leur migration automnale. Quelques-uns, dont les juncos ardoisés, ne pousseront pas plus avant vers le sud ; ils se joindront aux juncos résidents, qui ont passé l'été ici. On appelle maintenant tous les juncos « ardoisés », mais dans ces forêts de l'Ouest, il en existe deux types : les juncos appartenant au sous-groupe auquel on réservait autrefois le nom de juncos ardoisés, et les juncos de l'Oregon. Les juncos appartenant au sous-groupe des juncos ardoisés ont le haut du corps d'une couleur anthracite unie (la tête, la poitrine, les ailes et la queue gris foncé), des redingotes de plumes ébouriffées plus pâles et deux plumes de queue d'un blanc de neige qui font comme un éclair dans les sous-bois quand les oiseaux les déploient pour atterrir. Les juncos de l'Oregon portent aussi des calottes foncées, mais le reste du haut de leur corps est d'un brun tirant sur le rouge, et ils ont une tache couleur rouille plus sombre en travers des épaules et sur leurs flancs légèrement rougeâtres. Les deux types de juncos ont pour nom scientifique *Junco hyemalis*, du mot latin *juncaceae*, signifiant « joncs ». Quelqu'un, à un certain moment, doit avoir estimé que les juncos se nourrissaient de graines de joncs, mais il n'en est rien. Au printemps, ils donnent à leurs oisillons des araignées et des larves d'insectes, mais maintenant, à l'automne, les adultes mangent une variété de graines de plantes — dont les graines de jonc ne font pas partie —, et ils furètent dans les prairies ensoleillées et aux orées de la forêt. Quand ils se nourrissent, les juncos passent la plus grande partie de leur temps au sol où ils se déplacent en effectuant, pattes jointes, un petit saut double : un bond en avant, les pattes retombant sur un brin d'herbe, puis un bond rapide en arrière pour picorer les graines qui en sont tombées.

Les juncos et les autres oiseaux qui passent l'hiver dans la forêt — les tarins des pins, les bruants chanteurs, les bruants à gorge dorée, les becs-croisés des sapins et les roselins pourprés — se délectent des graines des sapins de Douglas, qui, à la fin du mois de septembre, couvrent le sol comme de minuscules poissons transparents et secs. Si les oiseaux les mangent, c'est qu'elles sont volumineuses et contiennent suffisamment d'amidon pour qu'ils se donnent la peine de les ouvrir. Lorsqu'il ne s'agit pas d'une année de semence, les oiseaux fructivores consomment jusqu'à soixante-cinq pour cent de la production annuelle de graines.

Pour certains oiseaux de passage, comme les bruants, qui migrent de la forêt du Nord vers les régions australes, septembre est l'occasion d'une escale au cours de laquelle ils feront le plein de glucides. Quelques-uns se gaveront de graines de sapins de Douglas avant de continuer vers le sud et de rejeter ces graines avec leurs matières fécales le long de la côte du Pacifique. D'autres, après avoir mangé tout leur soûl de graines, se feront à leur tour dévorer par des crécerelles d'Amérique, des buses à queue rousse et des buses pattues ; les graines seront dispersées lorsque le jabot des oiseaux aura été éventré, ou elles seront ingérées par les buses, qui les relâcheront avec leurs propres excréments. C'est ainsi que des graines de la forêt ancienne du Nord se répandent et changent la composition de la forêt des latitudes plus au sud. Au fil des siècles et des millénaires, la migration des oiseaux et, par le fait même, des arbres, a modifié les caractéristiques météorologiques et les tracés d'érosion des régions plus au sud, puisque l'eau que transpire une forêt a une influence sur le cycle hydrologique, et que le vent qui souffle au-dessus des arbres est différent de celui qui balaie la terre nue.

Les arbres contre-attaquent

L'arbre a prospéré, même s'il est une cible appétissante pour nombre de prédateurs : oiseaux, écureuils et cerfs à queue noire, qui aiment à brouter les graines et les tendres pousses des sapins de Douglas ; champignons déterminés à accéder au cœur savoureux ; insectes attirés par les bourgeons et les aiguilles ; bactéries et virus divers qui cherchent à pénétrer les membranes cellulaires. Incapables d'écraser un insecte nuisible ou de se mettre hors de sa portée, les plantes dépendent, pour se défendre des agents pathogènes qui voudraient les envahir, d'un arsenal chimique. Une plante saine est ainsi une fabrique efficace qui produit sans relâche des composés chimiques dont certains accélèrent la croissance, tandis que d'autres servent plutôt à défendre l'arbre contre les invasions d'ennemis. La plupart des usages médicinaux et récréatifs que font les hommes des végétaux depuis des siècles, des antiques remèdes issus des plantes aux produits pharmaceutiques modernes, sont dérivés de ces produits secondaires, qui se divisent en trois grandes catégories : les terpènes, les dérivés phénoliques et les alcaloïdes.

Certains terpènes favorisent la croissance de l'arbre — l'acide gibbérellique, notamment, qui est une hormone, est à base de terpènes —, mais la plupart servent à sa défense. La résine, qui contient des mono et des diterpènes, monte et descend le long de la tige, des branches, et jusque dans les aiguilles et les cônes en empruntant des conduits à même le grain. Quand une larve d'insecte creuse un arbre, elle risque de perforer l'un de ces conduits ; le cas échéant, la résine envahit la cavité où s'est retiré l'insecte pour se nourrir. Au cas où cela ne suffirait pas à dissuader l'intrus, la résine contient aussi des terpènes qui coupent l'appétit de l'insecte. Elle durcit ensuite, scellant la plaie pour empêcher les spores des champignons d'y pénétrer. On peut voir sur l'écorce d'un arbre gravement infesté des centaines de bouchons de résines protubérants. Certains terpènes sont toxiques. L'asclépiade, par exemple, contient des terpènes toxiques pour les oiseaux, ce qui explique que les larves des papillons monarques se gavent de cette plante : les molécules ingérées rendent les insectes moins susceptibles d'être la proie des oiseaux. Le produit insecticide actif de l'huile de neem, extrait médicinal de l'arbre du même nom, fait lui aussi partie des triterpènes.

Les dérivés phénoliques, à base de benzène, sont souvent volatils : ils peuvent traverser de grandes distances par les airs. Certains dérivés phénoliques, les flavonoïdes, sont responsables des parfums et des couleurs dont se servent les fleurs pour attirer les insectes pollinisateurs. D'autres entrent en jeu dans l'allélopathie, mécanisme par lequel une plante arrive à inhiber la croissance d'autres plantes du même écosystème : les racines des noyers noirs, par exemple, sécrètent un composé qui empêche plusieurs autres plantes de croître immédiatement sous leur couvert. Certaines plantes du désert émettent un dérivé phénolique (l'acide salicylique, dont l'aspirine est tirée) qui empêche les racines des plantes avoisinantes d'absorber l'eau.

Ces dérivés ont cependant parfois un effet positif ; c'est ainsi que des émissions phénoliques alertent les plantes d'une même espèce d'une invasion imminente d'insectes défoliants.

Dans le cadre d'une expérience réalisée en 1979, on a planté trois groupes de saules dans des pots qu'on a ensuite placés dans des pièces scellées : deux groupes dans une même pièce et le troisième dans une autre. La moitié des arbres de la première pièce ont été infectés de chenilles des limbes. Deux semaines plus tard, le système immunitaire des plantes infectées fonctionnait à plein régime pour tenter de repousser l'assaut des chenilles — et le système immunitaire des plantes non infectées se trouvant dans la même pièce était lui aussi en état d'alerte. Dans la pièce isolée, toutefois, les arbres n'étaient nullement affectés. Les arbres infestés de la première pièce avaient, d'une manière ou d'une autre, prévenu les autres arbres de cette pièce, et pas par communication mycorhizienne, puisque les arbres se trouvaient dans des pots. Le groupe infecté avait émis quelque composé volatil, lequel avait activé une forme de commutateur chez leurs voisins.

Quand elle subit l'attaque d'un insecte herbivore, une plante peut également émettre des composés phénoliques qui attirent d'autres insectes se nourrissant de l'envahisseur. Des expériences menées sur des plants de tabac, par exemple, ont révélé que lorsque les feuilles d'une plante sont rongées par des chenilles de sphinx, la plante émet des composés odoriférants qui attirent le *Geocoris pallens,* un insecte ovipare qui se nourrit des œufs de sphinx. Apparemment, c'est une substance chimique contenue dans la salive des chenilles qui déclenche l'appel à l'aide. On a observé des phénomènes similaires chez les gingkos et les plants de coton et de maïs. Si l'on en croit le Danois Marcel Dicke, biologiste des végétaux qui a étudié les émissions produites par les fèves de Lima, « il est probable que l'on assiste chez la plupart, si ce n'est la totalité des espèces de plantes, à des échanges avec leurs gardes du corps ». Les plantes appellent à leur secours une vaste gamme de mites et de guêpes parasites, et les insectes prédateurs ont appris, avec l'évolution, à surveiller l'air pour y détecter ces signaux chimiques.

Les tannins sont des flavonoïdes polymérisés qui protègent les tissus d'un arbre de la décomposition microbienne — ils remplissent la même fonction quand on les utilise pour « tanner » le cuir. Chez les chênes, les noyers et les conifères, ils servent aussi à décourager les prédateurs car ils endommagent l'intestin des herbivores ; en altérant la couche épithéliale de l'intestin, ils font en sorte que l'animal ne parvient pas à bien digérer sa nourriture. C'est ce qui explique que certains herbivores, dont le cerf et l'ours, doivent souvent engloutir d'énormes quantités de feuilles pour maintenir leur poids. Les animaux mangent la nourriture pour l'azote qu'elle renferme, et les plantes utilisent ce besoin à leur avantage en variant la quantité d'azote que contiennent leurs feuilles. Ainsi, les herbivores, y compris les insectes, doivent souvent aller d'une partie d'un arbre à une autre, ou d'un arbre à un autre ou, mieux encore, d'une espèce à une autre, pour trouver du fourrage renfermant suffisamment d'azote.

Nonobstant cette stratégie, les plantes contiennent habituellement des quantités d'azote aussi minimes que possible.

De toutes les plantes, ce sont les arbres qui en possèdent les plus faibles concentrations — aussi peu que 0,0003 % dans le xylème, jusqu'à 5 % dans les feuilles et 8 % dans les bourgeons et les nouvelles pousses. Pour se reproduire, la plupart des insectes doivent maintenir un niveau de 9 à 15 % d'azote dans leur corps. Les plantes mêlent aussi à leur azote des toxines phénoliques, telles que les tannins et les alcaloïdes, qui rendent leurs feuilles et leurs graines immangeables. La migration saisonnière des herbivores, dont les cerfs, les bisons et les insectes, s'explique en partie par ce qu'ils sont perpétuellement à la recherche de fourrage riche en azote.

Les alcaloïdes, troisième catégorie de composés chimiques secondaires produits par les plantes, peuvent franchir les membranes cellulaires avec autant de facilité que la lumière traverse le verre. Ils se dirigent tout droit vers le système nerveux central, où ils déclenchent des réactions dans le cerveau. La caféine, par exemple, imite l'adrénaline, c'est pourquoi elle nous donne la fausse impression d'être éveillé. Les accros au café sont ainsi des junkies à l'adrénaline perpétuellement frustrés. La nicotine, alcaloïde du tabac, se rend au cerveau dix fois plus vite que la caféine, et est d'autant plus susceptible d'entraîner une dépendance. La morphine, principal alcaloïde de l'opium, entraîne aussi une très forte dépendance.

Tous les alcaloïdes ne sont cependant pas nocifs. La quinine, essentielle dans la prévention de la malaria, est un alcaloïde extrait de l'écorce du quinquina. L'atropine, qui vient des racines de l'*Atropa belladona*, est utilisée en tant que stimulant respiratoire et antispasmodique. Il demeure que la plupart des alcaloïdes sont des poisons lorsque ingérés en quantité suffisante. La strychnine est un alcaloïde du strychnos, ou noix vomique *(Strychnos nux vomica)* ; au XIXe siècle, on l'utilisait, en faible concentration, dans une solution destinée à soigner l'alcoolisme, mais une dose à peine plus élevée provoque une mort extrêmement douloureuse. La nicotine fut utilisée pour traiter la gale et, à plus forte dose, l'épilepsie (ou, comme on l'appelait à l'époque, le grand mal) ; une surdose est cependant susceptible d'entraîner une perte de conscience, voire la mort. La nervocidine, extraite de l'arbre gasu-basu de l'est de l'Inde (membre de la famille des *Erythrophleum*, ou bois de fer), employée en tant qu'analgésique par certains dentistes pour remplacer l'arsenic — sans nul doute au grand soulagement de plusieurs patients —, était aussi injectée de manière souscutanée, selon un dosage d'un micromilligrame par kilogramme, pour tuer les chiens. Les efforts déployés pour découvrir un dérivé de l'opium moins susceptible d'entraîner la dépendance que la morphine eurent un effet contraire à celui souhaité : le composé ainsi produit, l'héroïne, entraînait vingt fois plus de dépendance que son prédécesseur.

Certaines plantes de nos forêts contiennent des alcaloïdes mortels. La majorité appartiennent à la magnifique famille des lys. Le zidagène élégant, par exemple, a une délicate fleur jaune qui ressemble à celle du quamassie *(Camassia quamash)*, à proximité duquel il pousse, et dont les racines sont comestibles ; les autochtones qui visitaient les « clairières de quamassies » dans la forêt lors de disettes devaient prendre garde à ne pas confondre les deux plantes. Une plante semblable à l'hellébore, *Veratrum californicum,* pousse dans la même région, souvent sous les frondaisons de bosquets de peupliers faux-trembles ; si une brebis en mange le quatorzième jour de gestation, la plante cause chez le fœtus une rare malformation — l'agneau naît avec un seul œil au milieu du front. Pour entraîner la stérilité, les autochtones en faisaient bouillir la racine pour concocter une tisane qui devait être bue trois fois par jour pendant trois semaines. L'hellébore vert *(V. viride)* est extrêmement toxique quand la plante est jeune, mais, après le premier gel, les autochtones en faisaient infuser les feuilles pour abaisser la pression artérielle. Séchée et pulvérisée, la plante est vendue en tant qu'insecticide pour les jardins. Dioscoride connaissait l'hellébore blanc, dont il suggérait de faire sécher les racines pour les utiliser, une fois réduites en poudre et mêlées à du miel, pour tuer les souris.

Graines et reproduction

Comme les oiseaux consomment jusqu'à soixante-cinq pour cent de la production annuelle de graines et que les écureuils de Douglas, les souris, les campagnols et les tamias se chargent d'une bonne part de ce qui reste, il n'est guère étonnant que moins d'un dixième de un pour cent des graines de sapins de Douglas survivent là où elles sont tombées, et finissent par donner naissance à de nouveaux arbres. Les arbres compensent ces pertes importantes, notamment en produisant d'énormes quantités de graines. La production du sapin de Douglas apparaît cependant insignifiante si on la compare à celle de quelques plantes à fleurs ; il est des orchidées, par exemple, qui produisent des capsules pouvant contenir jusqu'à quatre millions de graines — et qui connaissent un taux de succès beaucoup moins élevé que le sapin de Douglas. Certains philosophes du Moyen Âge, dont Thomas d'Aquin (qui avait été disciple, puis collègue d'Albert le Grand à Cologne et à Paris), s'efforçant d'accorder les principes aristotéliciens avec la doctrine chrétienne — d'effectuer une synthèse de la raison et de la foi —, voyaient dans cette riche production de graines une preuve du grandiose dessein du Créateur. La nature était « le Livre de l'Œuvre de Dieu » et la surproduction de graines s'inscrivait dans l'abondance de la nature ; il fallait produire suffisamment de graines pour nourrir tous les animaux, incluant les êtres humains, de manière à ce qu'il en reste aussi pour perpétuer les espèces. C'est ainsi que la surproduction était vue à la fois comme un signe de la Divine Providence et comme le résultat d'une cause naturelle. La métaphore biblique proclamant que « tous les êtres de chair sont de l'herbe » peut être entendue littéralement : presque tout ce que nous mangeons est soit une plante, soit un animal qui se nourrit de plantes. Les êtres humains consomment rarement des animaux carnassiers. Hormis les oiseaux insectivores, les seuls carnivores qui font partie de notre régime alimentaire habituel sont les poissons, dont un grand nombre sont non pas sauvages, mais issus d'élevages. (Le saumon est l'exemple le plus connu de cette pratique.) Il s'avère extrêmement inefficace de vouloir élever des carnivores : en effet, il faut de trois à cinq kilogrammes de poisson tout à fait comestible moulé en granules pour en arriver à un seul kilogramme de chair de saumon. C'est comme si l'on offrait des chèvres et des moutons en pâture aux lions pour ensuite manger les lions.

Nous savons aujourd'hui que la couche de sol arable est bien mince pour qu'on lui fasse porter le poids de la survie de la culture humaine. Si l'on réduisait la planète à la taille d'un ballon de basket-ball, le sol sur la surface aurait l'épaisseur d'un atome. Et pourtant nous mettons à mal cette fragile pellicule en faisant usage de produits chimiques dans les cultures, et en y déversant sans vergogne nos rebuts toxiques. S'il est bien vrai que tous les êtres de chair sont de l'herbe, il est dans notre intérêt de mieux prendre soin de l'herbe.

Pour les premiers théologiens qui s'efforçaient de concilier la théologie avec leurs connaissances scientifiques toutes neuves, il semblait naturel que l'Ordre Divin pourvoie à ce que les plantes produisent suffisamment de graines pour nourrir la Création et assurer sa survie. Dans l'Angleterre du XVIIᵉ siècle, le principal défenseur de cette théorie était John Ray, que l'on considère comme le fondateur de l'histoire naturelle britannique. Ray, prêtre catholique qui enseigna par la suite le grec et les mathématiques, s'intéressa à la botanique et rédigea des textes sur le mouvement de la sève dans les

arbres, sur la germination, sur le nombre d'espèces et les différences qui les distinguaient. Dans ses deux derniers écrits, il
travaillait, comme nombre d'autres botanistes de son temps, à
établir un système de taxinomie, cherchant à découvrir une
méthode cohérente et fiable qui permettrait d'ordonner le
règne des plantes en fonction des caractéristiques de leurs
graines, de leurs fruits et de leurs racines. Cette nouvelle
méthode était nécessaire pour imposer l'ordre au chaos des
nouvelles informations qui apparaissaient de jour en jour dans
les domaines de la botanique et de la zoologie.

Ray caressait l'idée que les plantes puissent avoir une
sexualité, concept scandaleux pour l'Angleterre puritaine,
mais qui commençait à récolter une certaine popularité dans
le reste de l'Europe. Une génération plus tôt, le botaniste
anglais Nehemiah Grew avait suggéré que les anthères d'une
plante étaient ses organes sexuels mâles, et Ray était plutôt
d'accord avec lui — comme il n'était pas un puritain, peut-
être allait-il même jusqu'à spéculer sur les organes femelles. En
unissant de la sorte les plantes et les animaux, il serait sans
doute plus facile de mettre au point un système de classification universel. Mais ce n'est que près d'un demi-siècle plus
tard que quelqu'un oserait exprimer publiquement de telles
idées — et ce serait un Allemand, Camerarius, suivi d'un
Français, Sébastien Vaillant.

Vaillant était responsable de la collection du Jardin du
Roi à Paris, qui devint plus tard le Jardin des Plantes. En 1714,
il supervisa la construction de la première serre de France et

devint plus tard professeur au Jardin. Sa conférence inaugurale — sur l'existence de la sexualité chez les plantes, qui constituait une extension des vues de La Brosse et la première expression publique des idées de Camerarius en France —, prononcée en septembre 1717, remporta un tel succès que, bien qu'elle ait eu lieu à six heures le matin, l'auditorium était plein à craquer. L'arbre qu'il utilisa lors de ses démonstrations, un pistachier, pousse encore aujourd'hui dans le jardin alpin du Muséum d'histoire naturelle. Après la mort de Vaillant, en 1722, la conférence fut publiée et continua de provoquer de l'émoi. C'est ainsi qu'elle fut lue avidement par un jeune et pauvre étudiant suédois à l'Université d'Uppsala, Carl von Linné, grâce à qui elle connaîtrait son retentissement le plus important.

Certes, l'idée voulant que les plantes aient une identité sexuelle n'était pas nouvelle, mais ce que Vaillant suggérait, et qui éveilla l'intérêt de Linné, c'est que les organes sexuels des plantes d'une même espèce étaient si semblables qu'il était possible de les utiliser comme base pour un système de classification. Les autres systèmes du temps étaient fondés sur des critères vagues et subjectifs, tels que la forme des fleurs d'une plante, sa couleur ou sa taille. Linné proposa plutôt, carrément, de faire le compte — ce que Stephen Jay Gould a qualifié de « sèche anatomie des nombres » — de ses organes reproducteurs.

À l'époque, le domaine de la taxinomie était aussi complexe que la généalogie d'un empereur byzantin : plus de trois cents systèmes servant à organiser le monde naturel étaient en vigueur. Les principes fondamentaux établis par Linné après à la lecture de la conférence de Vaillant étaient d'une simplicité désarmante. Théophraste avait déjà divisé les spécimens selon le genre et l'espèce ; Linné se contenta d'ajouter deux catégories supplémentaires, la classe et l'ordre, au-dessus des premières, et conçut un moyen simple de placer chaque organisme dans la case appropriée. On détermine la classe à laquelle appartient une plante par le nombre de ses étamines (organes mâles, filaments portant une anthère), tandis que l'ordre est fonction du nombre et de la disposition de ses carpelles (organes femelles). Le système ainsi élaboré était aux végétaux ce qu'est aux livres le système Dewey : il y avait vingt-quatre classes, des dizaines d'ordres, des centaines de genres et des milliers d'espèces. Le monde entier était semblable à une immense bibliothèque dans laquelle chaque espèce avait sa place sur le rayon *ad hoc* (genre) de la section idoine (ordre) de l'étage approprié (classe) — et non seulement chaque espèce connue, mais, ce qui revêtait une égale importance, chaque nouvelle espèce qui faisait son entrée dans la bibliothèque. La classe et l'ordre de n'importe quelle plante pouvaient être déterminés sur le terrain aussi aisément que dans un laboratoire par quiconque était muni d'une loupe et savait compter jusqu'à vingt. (Une plante à une étamine appartenait à la classe des Monandres [« un homme »] ; une plante à deux étamines, à celle des Diandres, et ainsi de suite jusqu'à vingt, Icosandres. La classe des plantes comptant plus de vingt étamines se nommait simplement Polyandres.) Après Linné, la classification de nouvelles plantes devint quasi une affaire de routine.

Le système taxinomique élaboré par Linné est toujours la méthode de classification la plus utilisée de nos jours, même si on y a ajouté quelques nouvelles catégories. L'ensemble de la vie sur terre a été divisé en trois grands domaines : les eubactéries, les archéobactéries et les eucaryotes. Les hommes descendent des eucaryotes, qui se sont séparés des bactéries il y a environ deux milliards d'années. Ainsi, d'un point de vue taxinomique, un être humain se définit comme suit : domaine : Eucaryotes ; règne : Animal ; embranchement : Vertébrés ; classe : Mammifères ; ordre : Primates ; famille : Hominidés ; genre : *Homo* ; espèce : *sapiens*. L'identité taxinomique du sapin de Douglas est : domaine : Eucaryotes ; règne : Végétal ; embranchement : Conifères ; classe : Pinopsida ; ordre : Pinales ; famille : Pinacées ; genre : *Pseudotsuga* ; espèce : *menziesii*.

Mais, selon d'aucuns, rien de tout cela ne définit réellement un organisme. En fait, on reprocha à la classification de Linné sa simplicité même. On aurait presque dit qu'il avait dépouillé la botanique d'une partie de son charme (comme on peut dire de Melvil Dewey qu'il a gâché le plaisir qu'on éprouvait à musarder parmi les rayons d'une bibliothèque). Qu'importent l'opulente beauté du fruit, l'arc gracieux de sa tige tandis qu'il se balance au-dessus d'un ruisseau alpin, ou l'effet éblouissant d'une masse de fleurs dans une prairie étincelante après la pluie ; combien y a-t-il d'étamines ? Combien de carpelles ? Linné lui-même s'efforça de tempérer la froide anatomie des chiffres dans ses écrits. En 1729, il décrivit une plante à une étamine et un pistil à la manière d'un couple de mariés pendant leur nuit de noces : « Les feuilles de la fleur [...] font office de couche nuptiale que le Créateur a si glorieusement arrangée, ornée de rideaux de lit si nobles et parfumés de tant de suaves effluves que l'époux et son épouse peuvent y célébrer leurs noces en grande solennité. » Mais rien n'y fait : le système de Linné est un système aride, dont la sérendipité a été exclue, sans doute par nécessité. « Ce système est incontestablement ingénieux et utile », commenta Darwin dans son unique référence à Linné dans *De l'origine des espèces*. Le naturaliste suédois estimait quant à lui que son système révélait le plan du Créateur. « [M]ais à moins qu'on ne précise si cette expression elle-même signifie l'ordre dans le temps ou dans l'espace, ou tous deux, ou enfin ce qu'on entend par plan de création, poursuivit Darwin, il me semble que cela n'ajoute rien à nos connaissances. »

Quand il visita le jardin même de Linné — qui est aujourd'hui un sanctuaire soigneusement préservé, derrière la maison qu'il habitait à Uppsala —, l'écrivain John Fowles fit écho aux doléances de Darwin. Fowles avait bien conscience de se trouver dans l'épicentre d'une explosion « dont les radiations et les mutations qu'elle [a] suscitées dans l'esprit humain ont eu et continuent d'avoir des effets incommensurables » — le lopin de terre de Linné est l'endroit « où est tombée une semence intellectuelle, d'où a surgi un arbre aux frondaisons si vastes que depuis lors, elles étendent leur ombre sur toute la planète ». Mais Fowles avoue être un hérétique quant à Linné. Il se rebelle contre l'individualisation des plantes que Linné s'est donné tant de mal à rendre possible, contre la réduction d'un phénomène naturel à une classe spécifique à l'intérieur d'un ordre donné. Il y voit la première étape qui conduit à l'anthropocentrisme, lequel nous amène à définir la Nature uniquement selon la place que nous occupons à l'intérieur ou à l'extérieur d'elle. Le système de Linné, explique-t-il, exige que nous abandonnions « certaines de nos possibilités de vision, d'appréhension, d'expérience » du monde au profit de la catégorisation et de l'étiquetage ; c'est comme regarder la Nature à travers le viseur d'un appareil photo. « Tel est, conclut-il, le fruit amer de l'arbre de la connaissance germé dans la terre d'Uppsala. »

Récemment, la possibilité d'extraire et de comparer des échantillons d'ADN nous a permis de mieux apprécier l'exactitude (à défaut de la beauté) de l'intuition de Linné. Bien qu'elle soit plus compliquée que le recensement des carpelles et des étamines, l'analyse de l'ADN est un outil formidable qui permet de mesurer le degré de parenté d'espèces en apparence tout à fait étrangères les unes aux autres. La clef de la puissance de l'ADN réside dans la combinaison de quatre structures moléculaires, les bases, identifiées par leur initiale respective : A pour adénine, T pour thymine, G pour guanine et C pour cytosine. Les quatre bases sont distribuées le long d'une chaîne de molécules en un brin linéaire, et deux brins d'ADN s'enroulent pour former une double hélice où les bases sont appariées : A sur un brin est toujours couplé avec T sur l'autre brin, tandis que G est toujours accompagné de C. La séquence de bases sur un brin forme un message, ou une phrase, ordonné en mots de trois lettres qui se succèdent. (Les généticiens nomment « livre » le bagage d'ADN entier d'une espèce.)

La tendance des bases à former des paires est une propriété fort utile. Si l'on fait chauffer une solution de molécules d'ADN jusqu'à ce que les liaisons entre les bases se rompent, les brins appariés se séparent et flottent librement. En refroidissant lentement, les bases semblent entrer en collision les unes avec les autres et commencent à former de nouveau des paires. L'appariement des séquences est si spécifique que des molécules à double brin se reforment. Si l'on mêle l'ADN d'une espèce à l'ADN d'une espèce différente, que l'on fait chauffer puis refroidir doucement la solution, il arrive qu'un brin d'ADN d'une espèce trouve une séquence de l'ADN de l'autre espèce semblable à la sienne, et les deux brins peuvent s'emboîter pour former une espèce hybride. Il est possible de mesurer de tels hybrides, et l'on peut déterminer la proportion de chaque espèce dont ils sont composés. Quand une proportion importante de l'ADN de chacune des espèces entre dans la composition de l'hybride, nous savons que les deux espèces originales étaient de proches parentes, puisqu'elles devaient partager un grand nombre de séquences semblables. Dans plusieurs cas, l'affinité entre espèces que l'on arrive à mesurer grâce à l'analyse de l'ADN vient confirmer les relations observées ou prédites par Linné.

Ailes et vent

Chaque espèce, dans sa niche, résout ses problèmes ou bien s'éteint, et il y a autant de solutions mises en œuvre qu'il existe d'espèces et de niches. En effet, une fois qu'elle a surmonté un problème, une espèce n'aura pas nécessairement recours à la même méthode quand un problème similaire se manifestera de nouveau. On pourrait croire qu'une plante raisonnable ayant réussi à régler de manière satisfaisante le problème de la dispersion du pollen, par exemple, se contentera d'appliquer la même stratégie pour disperser ses graines. Mais ce n'est presque jamais le cas.

La dispersion du pollen et celle des graines visent des buts très différents. Il peut être préférable pour un arbre de distribuer son pollen le plus loin et le plus largement possible, augmentant ainsi du coup ses chances de répandre son bagage génétique. Mais ce n'est pas pour autant toujours une bonne idée que de laisser tomber ses fruits trop loin de l'arbre. Une fois qu'il a pollinisé un arbre lointain, le pollinisateur a tout intérêt à laisser ce dernier prendre soin de ses graines et à s'occuper plutôt de celles qui lui appartiennent. Il est difficile pour un jeune plant de s'établir dans un mycélium mycorhizien, mais la tâche est moins ardue pour un rejeton qui se trouve à proximité de son parent, puisque ses racines s'enfonceront dans le même coussin mycorhizien. Non seulement les jeunes arbres sont assurés d'y trouver les champignons adéquats, mais en venant se greffer à un réseau souterrain de nutriments partagés, ils l'étendent, ce qui profite à la fois au rejeton et au parent. On pourrait croire que, dans une communauté mycorhizienne, les arbres les plus imposants, qui disposent d'un plus grand pouvoir d'attraction, prospèrent aux dépens des plus petits, mais dans les faits, toutes proportions gardées, les arbres plus gros procurent davantage de glucides au système que ne le font les plus petits. En réalité, l'arbre parent nourrit son rejeton, comme une ourse ou une paruline jaune nourrissent les leurs. De plus, les végétaux qui ne s'autopollinisent pas gagnent évidemment à être entourés de plantes appartenant à la même espèce.

Bien que le sapin de Douglas s'en remette au vent pour disperser son pollen et ses graines, il s'assure que son pollen est entraîné le plus loin possible, alors que ses graines demeurent à proximité. Les graines de sapin de Douglas sont dotées d'une aile qui leur permet de planer sur les brises automnales (caractéristique commune à plusieurs conifères, mais non pas à tous), cependant, en raison de leur poids, il est rare qu'elles franchissent des distances importantes. Quelques autres conifères ne veulent pas que leurs rejetons s'éloignent du tout. Les pins lodgepole *(Pinus contorta)*, par exemple, gardent leur cônes à graines (avec les graines à l'intérieur) jusqu'à soixante-quinze ans ; s'il n'y a pas de feu pour les libérer, les cônes finissent par tomber de l'arbre alors qu'ils contiennent encore les graines, et ce n'est que lorsqu'ils se décomposent que celles-ci seront libérées. Le pin de l'Eldorado *(Pinus attenuata)* se montre plus jaloux encore : il conserve ses graines si longtemps que son écorce finit par recouvrir ses cônes à graines. Ainsi, ses graines ne sont libérées qu'après la mort du parent, quand celui-ci se sera écroulé sur le sol et que, en pourrissant, il servira de compost à ses propres rejetons.

D'autres graines et fruits ailés voyagent plus loin. Les ormes et les frênes munissent leurs fruits de deux ailes. Résultat : ces fruits tourbillonnants mettent plus de temps à atteindre le sol et, conséquemment, se rendent plus loin que ne le ferait une noix. Dans les forêts de conifères de l'est de l'Amérique du Nord, le pin dur *(Pinus rigida)* ne libère pas d'un coup toutes ses graines ailées à l'automne, mais petit à petit, tout au long de l'hiver ; les graines tombent sur la neige et la glace où elles continuent d'être portées par le vent et le ruissellement des eaux printanières. Thoreau observa qu'une graine de pin dur « traversa ainsi l'un de nos étangs, large d'un demi-mille, et je ne vois pas de raison qui empêcherait qu'elle soit soufflée à plusieurs milles dans certains cas », sur une rivière gelée, par exemple, ou à travers une série de prés. La plus grosse graine ailée appartient au zingana, ou zebrano, brésilien *(Centrolobium robustum)* ; elle a une envergure de dix-sept centimètres et descend gracieusement au sol en tournoyant, un peu penchée, comme un planeur quand le vent est tombé.

Les graines qui se dispersent grâce au vent ne sont cependant pas toutes ailées. Certaines, les graines de pissenlit par exemple, ou celles de l'arbre d'argent sud-africain, sont dotées de parachutes. D'autres, celles du baguenaudier, notamment, sont plutôt munies de ballons : leurs capsules se gonflent et, une fois détachées de la plante, elles parcourent de grandes distances en flottant dans les airs. Les étamines d'une petite plante arctique de la famille des *Misodendraceae*, une fois qu'elles ont livré leur pollen à l'ovule, prennent la forme de longs panaches et demeurent fixées à la graine, y faisant office de voiles. Les amarantes ne nous apparaissent pas comme des unités de dispersion de graines, mais c'est pourtant ce qu'elles sont. Quand leurs graines sont sèches et prêtes à germer, les soudes épineuses se détachent de leurs racines, s'enroulent sur elles-mêmes jusqu'à former une boule et se laissent porter dans les plaines par le vent qui les fait rebondir et lâcher une partie de leurs graines chaque fois qu'elles touchent le sol. Les gourdes semblent avoir été conçues pour voyager sur l'eau, mais les capsules de certaines gourdes poussant dans les régions désertiques sont plutôt dispersées par le vent. En séchant, elles deviennent aussi légères que l'air et roulent sur le sable jusqu'à ce qu'elles finissent par se nicher dans un coin humide — un oasis, si elles ont de la chance — où, grâce à la chaleur du soleil, elles éclatent et offrent leurs minuscules graines noires au souffle du vent.

La dispersion par l'eau est presque aussi populaire, surtout dans les régions plus australes, où l'eau est tiède, calme et nourricière. Les graines qui seront portées par l'eau doivent flotter et être étanches. Quelques-unes, comme celles de l'iris versicolore, contiennent des poches d'air qui les empêchent de couler. D'autres sont recouvertes de liège, de cire ou d'huile.

Les noix de coco sont de véritables canots, qui peuvent flotter pendant des années. Les graines qui tombent dans l'océan doivent aussi savoir résister au sel.

Darwin, qui cultivait plusieurs acres de jardin derrière sa maison de Down, dans le Kent, s'intéressait fort à la question de la dispersion des graines, et il procéda à des expériences compliquées afin d'en comprendre le fonctionnement. Il gardait dans sa serre des réservoirs remplis d'eau salée dans lesquels il conservait toutes sortes de combinaisons étranges : des graines dénudées, des graines dans des capsules, des graines dans le jabot d'oiseaux morts, des graines vertes, des graines mûres, des graines attachées à des branches et des graines enfouies dans le sol. Il tentait de prouver que les graines peuvent flotter du continent jusqu'à des îles lointaines, ou d'une île à une autre, et demeurer viables. La plupart des botanistes n'étaient pas de cet avis, et expliquaient par le recours à des modes de transport ingénieux le fait qu'on ait retrouvé des plantes originaires d'Europe, par exemple, qui poussaient dans les Açores. L'explication la plus courante reposait sur les ponts terrestres, mais certains suggéraient, le plus sérieusement du monde, que c'était plutôt le continent englouti de l'Atlantide qui constituait la clé de l'énigme. Darwin entreprit de découvrir si « nous [sommes] autorisés à admettre qu'il y ait eu des changements géographiques aussi énormes dans les limites de la période des espèces existantes ». Il n'en était pas convaincu.

Il rapporta les résultats de ses expériences dans *De l'origine des espèces* : « Je trouvai, à ma grande surprise, que, sur quatre-vingt-sept espèces, soixante-quatre ont germé après une immersion [dans le réservoir d'eau salée] de vingt-huit jours, et que certaines résistèrent même à une immersion de cent trente-sept jours. » Des noisettes séchées demeurèrent viables pendant quatre-vingt-dix jours ; un plant d'asperge séché flotta pendant quatre-vingt-cinq jours, après quoi ses graines germèrent tout à fait normalement. Darwin conclut donc que « les graines de quatorze pour cent des plantes d'une contrée quelconque peuvent être entraînées pendant vingt-huit jours par les courants marins sans perdre la faculté de germer ». Il calcula que cela leur permettait de parcourir jusqu'à mille cinq cents kilomètres sur la mer tout en demeurant aptes à pousser pour devenir des plantes à leur arrivée. Une fois que l'on ajoutait les graines transportées dans le jabot des oiseaux et déposées dans leur guano, les graines enfouies dans le sol fixé à des troncs d'arbres flottant et les graines avalées par les animaux marins — celles de la tomate des Galápagos, par exemple, ne germeront qu'après avoir séjourné de deux à trois semaines dans les entrailles d'une tortue géante —, l'habileté des plantes à couvrir de grandes distances, même à traverser les océans, était suffisante pour élucider leur dispersion sans qu'il fût besoin de recourir à quelque continent disparu.

Si Darwin s'intéressait à la surproduction et à la dispersion de graines, c'est qu'elles allaient dans le sens de son hypothèse selon laquelle l'évolution était le fruit de la sélection naturelle : elles expliquaient l'un des moyens qui donnaient naissance à de nouvelles espèces. Les plantes produisent plus de graines que ce dont elles ont besoin parce que seule une fraction de celles-ci est viable dans leur lieu d'origine. Une année moyenne, jusqu'à soixante pour cent des graines d'un sapin de Douglas seront chétives ; les années où la production est de pire qualité encore, ce pourcentage grimpera à quatre-vingt-deux. Un grand nombre des graines qui restent atterriront dans des endroits peu hospitaliers, seront détruites par le feu ou dévorées par les insectes, les oiseaux ou les animaux. Le code génétique de certaines des survivantes comportera cependant quelques menues variations qui les rendent inaptes à croître dans leur habitat premier, mais peuvent faire en sorte qu'elles soient plus viables dans un environnement lointain, ou sous un climat différent. Après avoir été portées jusqu'à un endroit éloigné par le vent, les oiseaux, les animaux, les icebergs, le mouvement des glaciers ou n'importe quel autre moyen, ces graines se retrouveront peut-être dans un habitat qui favorise leur bagage génétique singulier. Au début, elles continueront d'appartenir à la même espèce que leur parent, mais, avec le temps, au fur et à mesure qu'elles s'adapteront à leur nouvel environnement, elles deviendront une espèce voisine. Les affinités de celle-ci avec l'espèce parente (des brins d'ADN à la séquence similaire, par exemple) révéleront clairement leur filiation, cependant, l'isolation entraînant nécessairement une divergence, cette nouvelle espèce finira par devenir distincte de l'espèce originale et leur croisement ne produira plus un hybride fertile.

La communauté de la forêt ancienne

Notre arbre a plus de deux cent cinquante ans, et fait maintenant partie d'une forêt ancienne. Une forêt ancienne de pins de Douglas se distingue d'une forêt plus jeune par plusieurs aspects. Elle est composée d'arbres et de chicots — troncs morts encore debout, dépourvus d'écorce et de branches, dont le cœur est souvent creux — ayant tous le même âge. Bien qu'elle soit dominée par des sapins de Douglas vieux de plusieurs siècles, la forêt abrite aussi un sous-étage d'autres espèces qui attendent de prendre la relève, le sol y est donc continuellement ombragé et humide. Dans les rares espaces laissés à découvert par la chute des géants, une couche de buissons et de petits arbres à feuilles larges — érables circinés, ronces remarquables, myrtilles — profitent de la lumière inaccoutumée. Parmi les fougères qui recouvrent le sol se dessinent des amas de branches cassées et d'énormes troncs à divers stades de décomposition. Des écureuils volants vivent dans les chicots, dont ils emplissent les creux de leurs excréments. Les variétés d'oiseaux diffèrent aussi. Une forêt de cinquante à cent ans supporte des espèces qui font leur nid sur des branches basses, telles que les grives à dos olive, les parulines de Townsend et les parulines à calotte noire, tandis qu'une forêt de deux cent cinquante ans abrite des moucherolles côtiers, des grimpereaux bruns, des mésanges à tête brune et diverses parulines, oiseaux qui font leur nid dans des trous ou sous l'écorce qui se décolle. Ces oiseaux sont tous insectivores et jouent ainsi un rôle de premier plan dans la régulation des populations d'insectes, déterminant quelles espèces prospèreront et quelles espèces seront contrôlées.

Dans la zone où se trouve notre arbre, cent quarante espèces d'insectes défoliants se spécialisent dans les conifères, dont cinquante et une sont exclusives au sapin de Douglas. Parmi celles-ci figurent le dendroctome du douglas, la chenille à houppes du douglas, le diprion du sapin, le *Neoalcis californiaria*, le mélanophe des conifères, l'arpenteuse verte de la pruche et la tordeuse à tête noire de l'Ouest. La tordeuse occidentale de l'épinette ne cause pas encore de ravages ici — la première épidémie n'aura lieu qu'en 1909. Dans tous les arbres, les insectes défoliants dévorent les aiguilles ainsi que les jeunes bourgeons destinés à devenir des aiguilles, des pousses et des cônes. Chez le sapin de Douglas, la tordeuse à tête noire de l'Ouest *(Nepytia phantasmaria)* pond ses œufs sur la face interne de certaines aiguilles au mois d'octobre. Quand les larves en émergent à la fin du mois de mai, elles entreprennent immédiatement de se gaver d'aiguilles, ce qu'elles continueront à faire jusqu'au milieu du mois d'août, moment où elles deviendront des chrysalides. Les adultes apparaissent en septembre, s'accouplent, pondent des œufs, et le cycle se répète. Une infestation à la tordeuse à tête noire peut, si rien ne vient la stopper, tuer un arbre de la taille d'un sapin de Douglas mature en quelques années. Heureusement pour l'arbre, les larves de ces insectes sont la proie d'un grand nombre d'espèces d'oiseaux, notamment les gros-becs des pins, plusieurs parulines, grives et moineaux, les moucherolles côtiers, les tangaras à tête rouge, les tarins des pins et les jaseurs d'Amérique.

L'arbre reçoit aussi de l'aide d'autres sources extérieures, dont certaines assez étonnantes. Par exemple, on croit habituellement que les fourmis charpentières sont nocives pour les arbres, mais elles causent la majorité de leurs dégâts à du bois déjà tombé par terre et en voie de se décomposer. En réalité, certaines espèces vont même jusqu'à aider les arbres, puisqu'elles se nourrissent des œufs, des larves et des chrysalides des insectes défoliants — ce qui est plutôt logique, dans la mesure où les fourmis dépendent d'arbres en bonne santé pendant la majeure partie de l'année. Même si elles forment de vastes colonies dans le bois mou des troncs en décomposition sur la litière qui recouvre le sol, les fourmis charpentières passent beaucoup de temps à fourrager la canopée. En plus de manger des insectes, elles y veillent à l'entretien de leurs fermes de pucerons. L'essentiel de la diète des fourmis charpentières consiste en miellat, substance faite de sucres superflus et de matières fécales sécrétées par l'anus des pucerons. Les fourmis font la cueillette des œufs de pucerons à l'automne et les entreposent dans leurs colonies durant l'hiver. Au printemps, elles sortent les œufs, les posent sur des plantes où elles les laissent éclore, après quoi elles s'occupent des pucerons qu'elles traient pendant l'été. Elles iront même jusqu'à défendre leurs troupeaux de pucerons contre les prédateurs. Une espèce de fourmi charpentière que l'on trouve en Amérique centrale et en Amérique du Nord, *Camponotus femoratus,* a poussé plus loin encore la symbiose fourmi-plante : elle construit des « jardins de fourmis » dans la canopée de la forêt pluviale. Ces jardins consistent en boules creuses de matière végétale mastiquée remplies de terreau et coincées dans des fourches de branches. À l'intérieur de ces nids, les fourmis déposent les graines des plantes qu'elles aiment le mieux manger — broméliacées, figues, poivres — et les plantes germent et poussent dans ce jardin. Quelques-unes de ces plantes cultivées ne se trouvent nulle part ailleurs que dans les jardins aménagés par les fourmis, ce qui signifie que ces dernières doivent recueillir les graines de ces plantes et les semer de nouveau chaque année.

L'espèce de fourmi charpentière qui habite la forêt de sapins de Douglas, *Camponotus modoc*, est au cœur d'un vaste et complexe réseau écologique qui unit les végétaux, d'autres insectes, les oiseaux et les mammifères. Les fourmis sont les principales productrices de sol de la forêt, où elles jouent le rôle des vers de terre en transportant d'énormes quantités de sol à la surface, en réduisant en humus la fibre de bois et les aiguilles tombées par terre, en mélangeant cet humus à des sols minéraux, en l'aérant et en en améliorant le drainage. Elles participent également à la dispersion des graines de nombreuses plantes, et dévorent les larves des mouches à scie et des lymantrides : une étude menée en 1990 a révélé que les fourmis étaient responsables d'une réduction de quatre-vingt pour cent du nombre de chrysalides de mouches à scie dans les forêts des États de Washington et de l'Oregon. Les morceaux de bois en décomposition de la couverture morte de la forêt abritent presque tous leur colonie de fourmis charpentières, dont certaines comptent jusqu'à dix mille ouvrières ; c'est ainsi que les fourmis charpentières forment une part importante de la biomasse totale de la forêt. Il n'est guère étonnant que E. O. Wilson, spécialiste des fourmis rattaché à l'Université Harvard, ait avancé que, si l'extinction de la race humaine ne se solderait que par la disparition d'une poignée d'espèces dépendantes de nos aisselles, de nos aines ou de nos entrailles (tandis que le reste de la nature ne s'en porterait que mieux), la disparition de l'ensemble des espèces de fourmis mènerait à un effondrement écologique complet. Les fourmis sont la principale nourriture des pics flamboyants et, de la mi-juin à la fin juillet, elles constituent même l'aliment le plus important du régime alimentaire des ours grizzlys.

Puisqu'ils sont omnivores, et mangent aussi bien du chou puant et des orties que des moutons de montagne, les ours peuvent vivre dans une large gamme d'habitat, et ont déjà occupé l'ensemble du continent nord-américain. Chaque individu a besoin d'un vaste territoire, mais les êtres humains empiètent de plus en plus sur l'habitat des ours. Aujourd'hui, la plus grande partie des populations d'ours vivent dans les montagnes, mais ils étaient jadis aussi nombreux dans les plaines, où ils se nourrissaient de bisons ; on les trouvait, à l'est, jusqu'à la côte atlantique et, au sud, jusqu'au Texas et au Nouveau-Mexique. On a retrouvé des crânes de grizzlys au Québec et dans le nord du Labrador.

Les ancêtres des grizzlys ont certainement franchi

l'ancien pont terrestre qui enjambait le détroit de Behring avec des troupeaux de rennes et de bisons migrateurs, avant l'apogée de la dernière glaciation ; on a retrouvé dans une grotte de l'île du Prince-de-Galles, au large de la côte de l'Alaska, des os de grizzly vieux de trente-cinq mille ans. Tout le long du littoral pacifique, les peuples côtiers aussi bien que les colons se sont conté — tantôt pour s'expliquer le monde, tantôt pour se faire peur — des histoires d'ours : ours blancs, ours noirs, ours bleus, ours bruns, ours grisonnants. Des ours si énormes que, en peinant pour gravir une montagne, ils ont déplacé suffisamment de terre pour altérer le cours des rivières. Des ours qui se métamorphosaient en hommes, des ours qui se changeaient en îles. Des ours qui venaient du nord en marchant sur leurs pattes de derrière, laissant derrière eux des traces qui ressemblaient étrangement à celles de pas humains. Des traces de pas humains avec des griffes aussi longues que les orteils. En 1811, alors qu'il descendait la rivière Athabasca en canot, David Thompson aperçut des traces d'ours et crut qu'il s'agissait de pistes de mammouth — par « mammouth », il entendait la créature que ses guides autochtones appelaient Sasquatch, l'homme sauvage des montagnes.

Tandis que des graines de sapin de Douglas viennent doucement se poser sur le sol, la femelle grizzly qui s'employait depuis trois jours à pulvériser du bois en putréfaction près de la base de notre arbre, dans l'espoir d'y trouver des fourmis charpentières, pique brusquement vers les prairies montagneuses pour s'y régaler de bleuets. Il y a peu de gros animaux qui habitent de manière permanente la forêt ancienne : les débris qui encombrent son sol entravent la marche, et elle est plongée dans une obscurité humide peu favorable aux entreprises des herbivores. Les cerfs-mulets des montagnes Rocheuses et les wapitis préfèrent les prairies en plus haute altitude et, conséquemment, les grizzlys les préfèrent aussi. Au cours des mois d'été, toutefois, les gros ours se nourrissent surtout de végétaux et s'aventurent dans les forêts fraîches pour y trouver des fougères et des berces laineuses qui poussent au bord des ruisseaux. Cependant, comme ils ne possèdent pas le système digestif dont sont dotés les ruminants tels que le cerf et le wapiti, et qu'ils ne digèrent pas les aliments deux fois, il leur faut engloutir jusqu'à quarante-cinq kilos de matière végétale chaque jour pour rester en bonne santé. C'est presque le tiers de la masse corporelle d'une petite femelle, ce qui explique qu'elle ne dédaigne pas les fourmis et, quand l'occasion se présente, les souris, les campagnols et les écureuils de Douglas, qui lui fournissent des protéines supplémentaires.

Quand les saumons entameront le voyage qui les ramènera à leur rivière natale, de la fin du mois d'août jusqu'en novembre, l'ourse se fera pêcheuse. Les poissons de la famille des salmonidés (dont les neuf espèces présentes dans le nord-ouest du Pacifique sont le saumon rouge, le saumon chinook, le saumon coho, le saumon rose, le saumon kéta, la truite fardée, la truite dorée, la truite apache et la truite arc-en-ciel) sont anadromes, c'est-à-dire qu'ils passent leur vie d'adultes dans l'océan et reviennent chaque année frayer dans l'eau douce.

Il existe neuf mille six cents espèces de salmonidés le long de la côte, à plus de 40 degrés de latitude nord, et des centaines de millions de membres de chacune des espèces remontent les mille trois cents cours d'eau, fleuves ou rivières, qui se déversent dans l'océan Pacifique. Quand le saumon revient dans les eaux où il est né, c'est la forêt entière qui fait bombance. Des phoques et des épaulards qui s'en gorgent dans les baies et les estuaires jusqu'aux oiseaux et aux mammifères qui les prennent pour ainsi dire entre deux feux, tout le long du chemin qui les mènera aux lits de gravier où ils pondront, les saumons, leurs œufs et leurs rejetons nourrissent une myriade de créatures, dont les êtres humains.

Les saumons roses qui fraient dans la rivière coulant près de notre arbre sont particulièrement bien adaptés aux forêts surannées où les épaisses frondaisons de la canopée les protègent de la lumière directe du soleil et gardent l'eau fraîche. La végétation en décomposition abrite des populations de bactéries, de champignons et d'invertébrés dont se nourriront les alevins. Les troncs et les branches tombés dans l'eau entravent le courant, ce qui permet d'aérer le cours d'eau et contribue aussi à la formation de dépôts de petits cailloux accueillants où déposer les œufs. Les racines des arbres de la forêt s'accrochent au sol, retenant l'érosion qui pourrait encombrer les lits de gravier. Les saumons ont besoin de la forêt, et quand on procède à une coupe à blanc, les populations de saumons s'effondrent.

Grizzly près d'une rivière à saumons

La forêt côtière de sapins de Douglas est une forêt pluviale tempérée, au sol riche en minéraux mais pauvre en azote, et ce manque est un facteur qui limite constamment la croissance végétale. Il s'y trouve pourtant des arbres qui, comme ceux de la forêt pluviale tropicale, atteignent des tailles immenses et des diamètres impressionnants. L'azote provient d'une multitude de sources, et principalement de l'air après qu'il a été fixé dans le sol par les bactéries et les plantes, ou par le lichen poussant sur les arbres. Mais la forêt de sapins de Douglas reçoit aussi une part importante d'azote de la mer.

L'azote qui vient de la terre porte la signature isotopique ^{14}N. Dans l'océan, ^{15}N, forme plus lourde de l'azote, est beaucoup plus commun. Tom Reimchen, écologiste rattaché à l'Université de Victoria, en Colombie-Britannique, a étudié l'itinéraire suivi par le saumon et l'isotope d'azote marin au cours du périple qui les mène de la mer à la forêt. Cinq espèces de saumons (le saumon rouge, le saumon chinook, le saumon coho, le saumon rose et le saumon kéta) quittent les rivières où ils sont nés pour aller passer de deux à cinq ans dans l'océan où, en se nourrissant et en grandissant, ils accumulent du ^{15}N dans leurs tissus. Sur le chemin du retour, tandis qu'ils reviennent vers l'eau douce pour frayer, ils seront mangés par des corbeaux, des aigles à tête blanche, des ours, des loups et d'autres animaux, tels que des insectes et des amphibiens, qui dispenseront tous dans leurs excréments un engrais riche en azote partout dans la forêt. Les ours se nourrissent surtout la nuit et, comme ce sont des animaux solitaires, ils transportent le poisson jusqu'à deux cents mètres de la berge de la rivière pour le manger tranquillement. Ils préfèrent le plus souvent dévorer les meilleurs morceaux, le cerveau et les entrailles, puis retourner à la rivière pêcher un nouveau poisson. En une saison, un ours répandra ainsi de six à sept cents carcasses de saumon à travers la forêt, tout en déféquant et en urinant chemin faisant. Les oiseaux et d'autres animaux répandent le ^{15}N plus loin encore. Reimchen a découvert que les plantes qui poussent sur les berges des ruisseaux et des rivières sont riches en ^{15}N, et a démontré qu'il existait une corrélation entre la quantité de ^{15}N contenue dans les anneaux de croissance annuels d'un arbre et l'importance de la montaison de saumons de la même année. Le long des berges des ruisseaux et dans les vallées où coulent les rivières, le plus important influx d'azote que reçoit la forêt annuellement lui est fourni par le saumon.

Les coléoptères et les limaces consomment les carcasses laissées par les ours, tandis que les tachinidés, les sarcophagidae et les calliphorides pondent leurs œufs dans la chair putride du poisson. En quelques jours, la chair qui restait sur les carcasses se couvre d'une masse grouillante d'asticots. Une fois qu'elles ont atteint leur taille maximale, les larves tombent sur la couverture morte de la forêt, où elles s'enfoncent pour hiverner sous forme de chrysalides. Au printemps, les mouches apparaissent par milliards, juste à temps pour la migration des oiseaux qui retournent vers le nord, et qui se gavent au passage de mouches pleines de ^{15}N. Des bousiers enterrent des excréments d'ours et de loups dans la litière de la forêt. De plus, après le frai, plusieurs saumons meurent et coulent au fond des rivières où ils sont bientôt recouverts d'une épaisse couche de champignons et de bactéries, lesquels seront à leur tour consommés par des insectes aquatiques, des copépodes et d'autres invertébrés. Quand les jeunes saumons émergent du gravier, l'eau est remplie d'organismes comestibles riches en ^{15}N issu de leurs parents. Les travaux de Reimchen illustrent éloquemment que la forêt et le poisson ont besoin l'un de l'autre, qu'ils unissent l'air, les océans et jusqu'aux hémisphères en un unique système aux parties interdépendantes.

Les habitants de la canopée

Bien au-dessus des saumons, dans le couvert dense, les fourmis et une pléthore d'autres organismes occupent ce que l'on pourrait qualifier de Terre supérieure — sorte d'univers fantastique suspendu soixante mètres au-dessus du sol de la forêt. Environ le tiers des aiguilles d'un sapin de Douglas — peut-être vingt millions — tombent chaque année, sur le sol, mais de nombreuses autres se déposent sur les branches supérieures de l'arbre, où elles demeurent. Au fil des années, cette litière d'aiguilles en vient à former des tapis de taille considérable — pouvant atteindre une épaisseur de 30 centimètres et occuper, collectivement, des centaines de mètres carrés — colonisés par plusieurs de ces mêmes organismes qui, au sol, sur la couverture morte, s'affairent à transformer la matière végétale en terreau. Contrairement à la couverture morte, toutefois, la litière de la canopée est exposée au soleil et à la pluie. Ce tapis d'aiguilles en décomposition de la canopée se transforme en sol riche en nutriments qui abrite toute une colonie de végétaux, de vertébrés, de champignons et d'insectes entièrement indépendants de ce qui se trouve par terre, et l'ensemble forme un écosystème unique dont on ignorait l'existence jusqu'à tout récemment.

Au cœur de ce nouveau monde se trouve l'embranchement des arthropodes. Les arthropodes vivant dans le sol incluent tout ce qu'on qualifie familièrement de bestioles ou de bibittes : araignées, mites, millipèdes et insectes. Les insectes comptent trois paires de pattes et descendent de créatures à segments multiples munies d'une paire de pattes par segment. Au fil des millénaires, les paires de pattes antérieures se sont transformées en mâchoires et en antennes. (Chez la mouche du vinaigre *Drosophila melanogaster*, des mutations révèlent les lointaines origines de l'espèce : les antennes redeviennent des pattes, qui poussent sur la tête de la mouche.) Il existe des millions d'espèces d'arthropodes, et de récentes études ont révélé qu'on en trouve jusqu'à six mille, dont trois cents étaient inconnues des scientifiques il y a peu encore, dans la canopée de la forêt de sapins de Douglas, ce qui en fait un réservoir de biodiversité d'espèces qui n'a d'égal que la forêt pluviale amazonienne. Quelques-unes de ces espèces, la petite mite *Dendrozetes*, par exemple, n'ont été retrouvées nulle part ailleurs en Amérique du Nord ou en Amérique du Sud — le seul autre endroit où l'on a repéré l'insecte est le Japon. D'autres espèces n'existent nulle part ailleurs sur la planète. Chaque arbre abrite sa propre communauté d'insectes, une riche diversité faunique incluant toutes les supposées « guildes » : prédateurs, proies, parasites, charognards et même des « touristes », individus qui, comme les fourmis, vivent au sol et ne font qu'y passer. Dans certains cas, dans les forêts pluviales tropicales, notamment, des espèces entières sont confinées à un seul tapis sur un seul arbre. Ainsi, chaque fois qu'un arbre tombe, il se peut que disparaissent avec lui des dizaines d'espèces d'arthropodes uniques.

Le sol est un océan terrestre. L'un comme l'autre sont les berceaux de formes de vie aptes à la photosynthèse, et tous deux sont dominés par les arthropodes. Dans l'océan, ce sont les crustacées : crabes, crevettes, homards et divers daphnies, poux d'eau et puces des sables. Dans le sol, la niche des arthropodes est occupée par les mites, les coléoptères, les poux de terre et les araignées qui, dans les tapis de la canopée, sont les principaux prédateurs. Certaines araignées, mesurant à peine vingt millimètres, tissent de complexes toiles de protéines filées dans lesquelles elles attrapent les mouches, les papillons nocturnes et les soixante-douze espèces de mites qui habitent aussi le tapis. Les mites sont de minuscules créatures dont l'utilité première, dans la communauté de la forêt, consiste à décomposer la matière végétale pour en faire de l'humus. On retrouve également dans le sol, bien qu'en moindres quantités,

Abri de loup

les poux de terre, qui appartiennent à la famille des collemboles. Les mites et les collemboles creusent et fouillent tous les types de sol. Dans des prés, deux centimètres cubes de sol abritent généralement jusqu'à cinquante mites et collemboles ; dans la forêt, où la profonde litière de feuilles retient l'humidité et présente aussi de nombreux espaces dégagés, ils sont parfois deux fois plus nombreux. Plus haut, dans les tapis de la canopée qui ressemble davantage à des champs, leur densité est semblable à celle qu'on observe dans les prés.

Munies de quatre paires de pattes, les mites appartiennent à la famille des arachnidés, ou des araignées, tandis que les poux de terre, qui ne comptent que six pattes et une paire d'antennes, sont plus près des insectes que des araignées. Ils ont été décrits pour la première fois en 1873 par Sir John Lubbock, voisin et collaborateur occasionnel de Darwin, qui était stupéfié par leur principal moyen de locomotion : « un organe sous-abdominal fourchu qui, commençant près de l'extrémité postérieure du corps, s'avance dans la plupart des cas jusqu'au thorax ». Quand ils sont inquiets, les poux de terre relâchent cet organe aux muscles puissants et bondissent dans les airs, à une altitude pouvant atteindre quinze centimètres, soit l'équivalent, pour un être humain, d'un saut de la hauteur de six terrains de football. Lubbock rangea les poux de terre dans la catégorie des insectes, mais seulement en raison de leurs six pattes ; il ajouta que les entomologistes de l'avenir concluraient certainement qu'ils avaient affaire à autre chose. Le naturaliste américain Howard Ensign Evans est de cet avis :

avec le tremplin qui leur sert de mode de locomotion, les poux de terre « semblent faire montre d'une manière unique d'avoir six pattes ». Leur abdomen est segmenté en six sections plutôt qu'en onze, comme chez les vrais insectes, et leur corps est dépourvu de certains organes internes associés aux insectes. Les salamandres ne se soucient guère de ces questions, et les dévorent sans ambages, du moins sur le sol. Dans la canopée, les poux de terre sont, comme les mites et les araignées, faits prisonniers des toiles des grandes araignées ou avalés par les sitelles à poitrine rousse.

Les déjections des oiseaux, les excréments des rongeurs, les peaux laissées derrière par les serpents après la mue, les chiures d'insectes, la matière végétale fraîche, l'humus travaillé, la pluie et le soleil produisent un sol riche et fertile. Si riche et si fertile, en fait, que des racines apparaissent fortuitement sur les branches des sapins de Douglas pour en profiter. Pendant le carbonifère, à l'époque où les fougères rhizomiques se transformaient en arbres, les racines étaient, à l'origine, des bourgeons apparaissant sur des branches qui s'allongeaient sur le sol — leurs pousses plongeaient dans le sol plutôt que de pointer dans l'air. C'est ainsi que, dans les tapis de la canopée, des méristèmes apicaux enterrés sous les tapis deviennent des racines plutôt que des branches. Ces racines agissent exacte-ment comme leurs homonymes souterraines : elles absorbent l'eau et les minéraux de ce sol aérien et contribuent à stabiliser les tapis en faisant office de traverses de support. Sans doute n'est-ce pas une simple coïncidence si ces nouvelles racines, enfouies dans le sol haut au-dessus de la terre, entrent en action au moment même où le sol terrestre a épuisé l'azote qui y avait été fixé il y a des siècles par les bactéries, dans les aulnes rouges depuis longtemps disparus.

Cette fois, l'azote vient du lichen. Dans une forêt surannée, si la face supérieure d'une branche d'un sapin de Douglas est exposée à l'air, elle se couvre d'une épaisse couche de lichen d'un vert jaunâtre. (L'envers, qui reçoit moins de lumière, est envahi par les mousses et les hépatiques.) La relation qui unit les lichens et les arbres dans la canopée peut être considérée comme une version aérienne des réseaux fongiques mycorhiziens qui se déploient sous terre, dans la mesure où les deux régimes remplissent une même fonction et sont constitués, à peu de choses près, d'une même matière.

Le lichen n'est pas un végétal à strictement parler ; c'est plutôt un composite de deux organismes apparentés aux végétaux, un champignon et une algue. En effet, le lichen consiste en un champignon enroulé autour d'une algue, qui fonctionnent ensemble comme une seule et même entité. C'est une sorte de plante fossile, un lien direct avec les premiers organismes marins à procéder à la photosynthèse, qui furent aussi les premières formes de vie à apparaître dans les océans immémoriaux, ces mêmes organismes qui emplirent l'atmosphère terrestre d'oxygène avant de s'aventurer sur terre pour y devenir des plantes vasculaires. Le lichen illustre l'autre façon dont l'algue s'est adaptée à la vie sur terre : environ trente-sept genres de lichens nouèrent des relations symbiotiques avec quelque treize ordres d'ascomycètes. Les champignons ont des racines qui absorbent l'eau, et les algues réalisent la photosynthèse, ce qui fournit de la nourriture aux deux parties de l'organisme. L'un et l'autre s'allient pour se fondre en un seul organisme, partageant à la fois fonction et produit. Cette symbiose a été couronnée d'un tel succès qu'on compte maintenant près de quatorze mille espèces de lichens sur la planète, dans des habitats aussi divers que l'Antarctique et les tropiques, sous des climats aussi différents que les forêts pluviales côtières et les prés alpins, et sur tous les substrats, des rochers aux édifices de bois jusqu'au dos des insectes.

Les lichens offrent une fascinante leçon de symbiose. Pour former un lichen, une espèce de champignon enveloppe l'algue de son hyphe, pressant les extrémités de celui-ci contre les membranes cellulaires de l'algue, puis pénètre les cellules de minuscules doigts, les haustories. L'algue produit des sucres par le biais de la photosynthèse, et le champignon capte une certaine quantité de ces sucres — habituellement en en laissant suffisamment pour que les cellules de l'algue restent en vie —, et pompe également de l'eau dans la cellule. Le champignon procure de l'ombre à l'algue, qu'il protège de la lumière trop intense du soleil, tout en lui fournissant une plus grande surface propre à la photosynthèse. Jusque-là, tout est symbiotique. Dans certains cas, toutefois, le champignon prélève une trop grande portion de sucre et les cellules de l'algue meurent — le lichen ne survit alors que parce que l'algue arrive à reproduire des cellules plus vite que le champignon ne les tue. Il ne s'agit donc pas à proprement parler d'une relation mutualiste, mais de ce que l'on pourrait qualifier, plus exactement, de « parasitisme contrôlé ».

Le lichen associé au couvert de sapins de Douglas est le *Lobaria oregana*, une espèce de pulmonaire officinale — le dessus de la branche est recouvert de pulmonaires, et l'envers, d'hépatiques. Les pulmonaires sont ainsi nommées parce qu'elles sont faites d'une matière qui ressemble à celle de l'intérieur d'un poumon, et parce qu'elles sont souvent utilisées comme remède à des maladies respiratoires telles que la tuberculose et l'asthme. Une traduction du XVIIe siècle de l'*Historia Naturalis* de Pline note que le lichen « a une merveilleuse action qui soigne les rhagades ou les gerçures ». Un seul hectare de forêt surannée de sapins de Douglas peut supporter jusqu'à une tonne de *Lobaria*, qui contient à la fois des algues vertes et des cyanobactéries dans son étau fongique. Le lichen se fixe à l'écorce d'un arbre à l'aide de petits crampons et intercepte l'eau de pluie qui coule le long des branches et du tronc, en extrait l'azote, puis laisse aller l'eau qui continue de couler jusqu'au sol. Quand le lichen meurt, il tombe de l'arbre et s'accumule ou bien sur le tapis de la canopée, ou bien par terre ; dans les deux cas, il libère dans le sol l'azote qu'il a accumulé. Les lichens remplacent ainsi les aulnes rouges en tant qu'agents de fixation de l'azote. Bon an mal an, ils fournissent jusqu'à quatre kilogrammes d'azote par hectare de forêt — soit quatre-vingts pour cent de sa consommation d'azote. Ils sont eux aussi un maillon essentiel dans la chaîne des organismes vivants qui constituent la communauté de la forêt de sapins de Douglas.

Notre arbre est maintenant haut de quatre-vingts mètres. Ses premières branches sont situées à une altitude d'environ quarante mètres ; elles font quarante centimètres de diamètre à la base et forment un large couvert conique au-dessus de la forêt mature, qui est une forêt ancienne depuis presque trois cents ans. L'arbre a survécu à la sécheresse et aux inondations, a subi des infestations massives d'insectes et a été battu par les tempêtes. Les hivers se sont refroidis. Les tapis de sa couronne supportent des tonnes de neige mouillée, de plus en plus abondante, semble-t-il, chaque année, ce qui impose une pression considérable à ses branches. Ses racines demeurent froides et humides une bonne partie du printemps. Une ou deux de ses branches ont été cassées, créant dans son tronc de larges trous qui ont commencé à ramollir, préparant ainsi le terrain à des champignons ou à des insectes envahisseurs. Comme nous l'avons vu, l'arbre est incapable de repousser physiquement de telles invasions ; il ne peut qu'isoler la zone infectée, rediriger ses nutriments et sceller l'issue. Une fois qu'une invasion a eu lieu, elle peut être contenue pendant un temps, mais non pas renversée. Notre arbre est maintenant porteur de sa propre mort.

Chapitre 5 Mort

Les arbres sont, de loin, les organismes vivants les plus vieux de la planète. Certains conifères, tels les sapins rouges et les séquoias géants qui poussent plus au sud, peuvent vivre jusqu'à trois mille ans — John Muir affirme avoir compté quatre mille anneaux sur une souche de séquoia géant en 1880. Le plus vieil arbre d'Amérique du Nord, un pin à cônes épineux des montagnes Rocheuses connu sous

This solitary tree! — a living thing
Produced too slowly ever to decay;
Of form and aspect too magnificent
To be destroyed.

WORDSWORTH, « Yew Trees », 1803

le nom de Mathusalem, qui se dresse dans ce qui est maintenant le Inyo National Park, en Californie, a peut-être quatre mille six cents ans ; en 1958, un biologiste de l'Université de l'Arizona découvrit dix-sept arbres âgés de plus de quatre mille ans qui poussaient dans le même parc. Il semblerait qu'un cyprès de Chapultepec, à Mexico, ait plus de six mille ans. Un *Cryptomeria japonica* qui pousse dans l'île japonaise de Yakusima a été daté au carbone : l'arbre a sept mille deux cents ans. L'âge des arbres tropicaux, qui ne produisent pas de cercles de croissance, est plus difficile à estimer, mais il existe-rait aux îles Canaries des arbres de dragon âgés de plus de dix mille ans, et certains cycadées d'Australie — eux aussi gymnospermes — auraient plus de quatorze mille ans, quoique certains experts croient qu'il s'agit là d'une exagération.

Compte tenu d'une telle longévité, il est regrettable que notre arbre montre déjà, à cinq cent cinquante ans seulement, les signes de son âge. Mais il a vécu une vie beaucoup moins protégée que celle de ses collègues d'âge plus vénérable, dans un climat frais et humide qui exige d'énormes dépenses d'énergie. Chaque année, il lui a fallu croître à un rythme de plus en plus rapide, à mesure que la circonférence de son tronc augmentait et que sa couronne et ses branches gagnaient en hauteur et en longueur. En botanique, ce phénomène est connu sous le nom de syndrome de la Reine Rouge : l'arbre doit en quelque sorte courir toujours plus vite pour ne pas perdre de terrain. Chaque année, l'eau est transportée jusqu'à des pousses plus éloignées. Chaque printemps, l'arbre offre de nouvelles surfaces aux insectes envahisseurs, et chaque hiver les plaies sont plus nombreuses à panser, sans quoi elles risquent de devenir des points d'entrée pour les oiseaux, les fourmis et les champignons qui s'attaquent au bois. Si on le laissait tranquille, notre arbre continuerait de pousser indéfiniment, mais, dans la forêt, rien n'est jamais laissé tranquille.

En plus de subir les attaques des insectes envahisseurs, le sapin de Douglas est susceptible d'être victime de trente et un types d'assauts livrés par d'autres plantes. La plupart sont des maladies fongiques portant des noms comme « carie brune filandreuse du tronc », ou « rouge du douglas ». Ces maladies ne doivent pas être prises à la légère. Comme les champignons mycorhiziens, les champignons pathogènes se spécialisent souvent dans une seule espèce hôte et, dans des circonstances extrêmes, ils peuvent anéantir presque tous les individus que compte l'espèce sur la planète. L'orme d'Amérique, jadis symbole du paysage urbain nord-américain, a succombé à une invasion transmise par les coléoptères. Le châtaignier américain *(Castanea dentata)*, qui était autrefois l'arbre le plus luxuriant et le plus recherché de la forêt de feuillus de l'Est, constitue un autre cas exemplaire. Du Maine à l'Alabama, les châtaigniers atteignaient quatre mètres de diamètre, et quarante mètres de haut. Leurs fruits comestibles, encapsulés dans des enveloppes hérissées rappelant les *spoutniks,* tombaient à l'automne pour être ramassés à l'hiver. « J'adore les cueillir, écrivait Thoreau dans son journal, en décembre 1852, ne serait-ce que pour l'impression d'abondance de la Nature qu'ils me donnent. » Grillés, les marrons constituaient un ingrédient habituel de l'alimentation hivernale des habitants de l'Est. « Tout New York s'en va-t-aux noix, ajoutait Thoreau. Des marrons pour les conducteurs de taxi et les vendeurs de journaux, car il n'y a pas que les écureuils qui doivent être nourris. » Vers la fin du siècle, cependant, on importa d'Asie les semis d'un châtaignier domestique qui étaient porteurs du champignon *Cryphonectria parasitica,* responsable de la carie du tronc. Ce champignon eut un impact dévastateur sur les châtaigniers indigènes : cinquante ans plus tard, ils avaient presque tous succombé.

Sur la côte Ouest, la carie du tronc est introduite dans la forêt par de nombreux champignons : la carie jaune annelée, par exemple, est causée par le *Phellinus weirii* et frappe particulièrement les sapins de Douglas, bien qu'elle infecte aussi les sapins de Vancouver, les sapins de l'Oregon, les sapins et les pruches subalpins. Le champignon contamine un arbre sain par ses racines et se transmet par les racines emmêlées de plusieurs individus, greffées les unes aux autres pour croître de concert (et non par le biais d'un partenariat mycorhizien). Le mycélium envahit le cambium vivant de l'arbre sans s'élever à plus d'un mètre au-dessus du sol, mais les premiers signes d'infection se manifestent jusque dans la couronne de l'arbre, qui apparaît rabougrie et jaunie. L'année qui suit l'infection, les cônes se mettent à tomber prématurément, ce qui signifie que l'arbre ne peut plus se reproduire.

Une fois l'envahisseur bien installé, l'écorce de la portion inférieure du tronc semble perpétuellement sombre, humide et tachée d'eau, comme si l'arbre n'arrivait ni à se réchauffer ni à s'assécher, ce qui est effectivement le cas, puisque le champignon a bouché les canaux du xylème et du phloème, empêchant ainsi l'arbre de faire circuler la nourriture et l'eau. La carie se répand et, quand elle s'insinue dans la racine, le bois de l'arbre se change en pulpe et les cercles de la portion inférieure de son tronc commencent à se séparer en lamelles comme des schistes. Bientôt, l'arbre est mort, mais, chicot, il restera debout encore longtemps. Dépouillé de ses aiguilles, il fait un poste de guet idéal où les oiseaux viennent se reposer et surveiller le territoire à la recherche de prédateurs. Un arbre ayant vécu mille ans mourra en deux ou trois années. Dépossédé du solide ancrage que lui procuraient ses racines, il pourra être renversé par un bon vent.

La maladie du rond est causée par *Heterobasidion annosum*, un champignon dont les spores, qui flottent dans l'air à longueur d'année, peuvent envahir un arbre par les plaies que présentent sa tige et ses racines — une branche tombée, un trou dans le tronc causé par la chute d'un arbre voisin, une cavité aménagée par un pic. Une fois à l'intérieur, le champignon réduit lentement le bois de cœur en une masse blanche et filandreuse entourée d'une enveloppe spongieuse. Comme les réseaux approvisionnant ses racines ont été rompus par l'envahisseur, le tronc finira par devenir creux ; les racines meurent ; l'arbre tombe.

Ses branches pourraient déjà être infectées par le rouge du Douglas, causé par le champignon *Rhabdocline pseudotsugae*, qui se manifeste d'abord par l'apparition de petites taches jaunes sur l'envers des nouvelles aiguilles du printemps. Rien ne se produit cette année-là, mais pendant l'hiver, les taches jaunes s'assombrissent jusqu'à devenir d'un brun rouge profond, tandis que les spores du champignon insinuent leurs minuscules hyphes dans les stomates des aiguilles et dérobent leurs sucs hivernaux. Bientôt, toutes les aiguilles, hormis les plus récentes, se détachent, et les mêmes taches jaunes et menaçantes apparaissent sur les nouvelles qui, à la fin de l'été, auront elles aussi succombé et seront tombées. Un arbre infesté est un arbre mort.

L'affection la plus évidente est le faux gui *Arceuthobium douglasii*, qui pousse uniquement sur les sapins de Douglas. C'est l'une des mille espèces de la famille du parasite familier sous lequel, selon la tradition européenne, il convient de s'embrasser à Noël. Les oiseaux, qui apprécient grandement les fruits du gui, contribuent à en disperser les graines dans leurs excréments. (Le nom anglais du gui, *mistletoe*, vient de l'allemand *mist*, qui signifie « crotte », et du vieil anglais *tan*, brindille ; un oiseau dépose sa crotte sur la brindille et, un an ou deux après, Joyeux Noël !) La variété orientale de la plante, *Phoradendron flavescens*, se trouve partout en Nouvelle-Angleterre, où elle forme d'épaisses touffes pouvant atteindre un mètre de diamètre. Le faux gui, quant à lui, dépasse rarement deux ou trois centimètres. C'est un parasite total, dans la mesure où il ne possède aucune chlorophylle en propre. Les plantes mâles et femelles existent séparément ; au printemps, la plante mâle émet des spores à partir desquelles poussera la plante femelle, sur le même arbre. À l'automne, la femelle produit des graines dans des petits fruits brun foncé ou violacés. Une fois les fruits mûrs, elle peut, grâce à un ressort caché, les projeter jusqu'à une distance de quinze mètres sur des arbres voisins. La graine enveloppée dans une pulpe collante adhère à l'écorce de son hôte et, après avoir germé, insinue ses minuscules haustories (appendices servant à l'absorption de la nourriture) dans la couche de phloème moelleuse, puis se met à aspirer. Les haustories enflent énormément grâce à l'eau et aux nutriments dérobés à l'hôte, ce qui entraîne des malformations protubérantes dans les parties affaiblies de l'arbre. Un virus s'installe et le cercle de petites pousses qui en résulte — la plante mâle — affaiblit l'arbre encore davantage ; souvent, si un jeune arbre se brise au cours d'une violente tempête, la rupture s'effectuera juste au-dessus de ce tablier de pousses de gui qui pointent vers le ciel. Le résultat est parfois appelé « balai de sorcière », car ce qui reste de l'arbre ressemble à un balai au manche fiché dans le sol.

L'homme de l'herbe

Le gui du sapin de Douglas, comme le sapin de Douglas lui-même, l'aster de Douglas, la *Gentiana douglasiana*, les brodiaea de Douglas, le sarrasin de Douglas et l'oignon de Douglas, fut collecté en 1825 par David Douglas lors de sa première expédition botanique sur la côte du Pacifique. Les autochtones du Pacifique surnommaient Douglas « l'Homme de l'herbe » et le considérèrent d'abord avec circonspection avant de décréter qu'il était plutôt inoffensif et de le laisser tranquille. Comme il avait la vue basse, on pouvait souvent le voir tomber à genoux dans une clairière pour s'exclamer avec enthousiasme devant rien du tout. Né à Perth, en Écosse, en 1799, il avait travaillé dans sa jeunesse comme jardinier pour Sir Robert Preston, près de Dumferline, dans le Royaume de Fife, où les pelouses ornementales ont toujours la cote, et était devenu en 1820 l'apprenti de William Jackson Hooker, aux Glasgow Royal Botanical Gardens. Trois ans plus tard, il fut embauché par la Horticultural Society de Londres en tant que collecteur et envoyé trois fois en Amérique du Nord. Au cours de sa deuxième expédition, après huit mois de voyage maussade sur des mers agitées, il descendit de bateau à l'embouchure du fleuve Columbia. « En vérité, écrivit-il dans son journal, je peux dire que c'est l'un des moments heureux de ma vie. »

Rien ne l'avait préparé à l'immensité de la forêt dans laquelle il avait pénétré. Il nota sa découverte du pin de Californie (*Pinus lambertiana*), l'un des plus grands arbres du monde. Un spécimen tombé par terre était long de soixante-quinze mètres et avait une circonférence de dix-sept mètres à la base ; à quarante et un mètres du sol, il faisait toujours cinq mètres de circonférence. Pour collecter des cônes vivants, Douglas envisagea un spécimen toujours debout : « Comme il était impossible de grimper dans l'arbre ou de l'abattre, j'ai tenté de faire tomber les cônes en faisant feu dessus, quand le bruit de mon fusil a attiré huit Indiens, tous peints de terre rouge, armés d'arcs, de flèches, de lances à pointes d'os et de couteaux de silex. » Douglas expliqua calmement ce qu'il s'efforçait de faire, et bientôt les huit hommes l'aidaient à cueillir les cônes.

Sa rencontre avec le sapin de Douglas, quoique moins dramatique, fut aussi mémorable. « Arbre remarquablement haut, nota-t-il, extraordinairement droit, à la forme pyramidale typique de la tribu des *Abies* [épinettes] de la famille des Pins. Les arbres, qui poussent en petits groupes ou se dressent solitaires sur des plateaux secs, dans des sols minces et graveleux ou sur des pitons rocheux, sont solidement ancrés dans le sol même, avec de larges branches pendantes, et par la taille gigantesque qu'ils atteignent dans ces endroits et par leur apparence uniformément préservée, ils constituent l'un des objets les plus remarquables et les plus véritablement gracieux de la Nature. » Les arbres dans la forêt étaient plus hauts encore, mais il était impossible d'y grimper, puisque leurs branches les plus basses se trouvaient à quarante-deux mètres du sol. Douglas mesura un spécimen tombé : « longueur entière : 227 pieds [69 mètres] ; 48 pieds [14,6 mètres] de circonférence à 3 pieds [1 mètre] du sol ; 7 pieds [2,23 mètres] de circonférence à 159 pieds [48 mètres] du sol ». Derrière l'un des édifices de la Compagnie de la Baie d'Hudson se trouvait une souche « qui mesure 48 pieds [14,6 mètres], à 3 pieds [1 mètre] du sol, sans son écorce. L'arbre a été brûlé, observat-il, pour faire place à une plante plus utile, à savoir les pommes de terre ».

Lors de son troisième et dernier voyage, de 1830 à 1833, il prit ses quartiers à Fort Vancouver (maintenant Vancouver, dans l'État de Washington). À ce moment-là, sa vue s'était considérablement dégradée. Il se faisait apporter des plantes et se faisait transporter lui-même jusqu'aux plantes, surtout en canot, le long de la côte au relief accidenté. Après deux ans, il décida de rentrer en Angleterre en passant par la Sibérie et se dirigea vers le nord le long du Passage intérieur avec un guide, transportant tous ses spécimens et ses carnets de notes dans un canot. Ils parvinrent jusqu'au fleuve Fraser, où le canot chavira et Douglas perdit quatre cents spécimens — et faillit perdre la vie même. Après être revenu à Fort Vancouver, il choisit plutôt de retourner chez lui par la voie la plus sûre, qui passait par Hawaii. Il y demeura dix mois et y serait resté plus longtemps, mais, le 12 juillet 1834, alors qu'il faisait une excursion pour récolter des plantes, il mit le pied dans un piège et fut blessé à mort par un ours furieux. Il avait trente-cinq ans. Des quatre-vingt-douze mille espèces de plantes connues de la science à l'époque, Douglas en avait découvert et collecté sept mille.

Chicots et chouettes tachetées

Les arbres demeurent faibles, comme épuisés, un an après leur production maximale de graines. Celles-ci renferment tant de glucides que, si deux ou trois arbres appartenant à un même assemblage mycorhizien produisent leur quantité maximale de graines une même année, la communauté entière s'en trouvera appauvrie. La réserve d'amidon s'épuise avant l'apparition des nouvelles aiguilles au printemps. Une sécheresse cet été-là, à laquelle s'ajoutent une chaleur excessive, un taux d'évaporation élevé et une surabondance de lumière inhibant la photosynthèse, exacerbe les problèmes causés par le faible taux de renouvellement des aiguilles, la lente croissance des bourgeons et la maigre production d'auxine. Si l'hiver s'ac-

Aigle à tête blanche sur un chicot

compagne ensuite d'une période de froid prolongée, avec des températures inférieures à 10 °C pendant une semaine ou davantage, l'arbre peut s'en trouver mortellement affaibli. Un arbre n'est jamais tué par un seul ennemi, mais peu d'arbres arrivent à survivre à une série de stress concentrés et simultanés qui les attaquent sur tous les fronts pendant plusieurs années.

Nous sommes en l'an 1867, année de l'assassinat de l'empereur Maximilien au Mexique ; année où la Russie vend l'Alaska aux États-Unis pour sept millions de dollars ; où Karl Marx publie *Le Capital* ; où les Chemises rouges, avec à leur tête Giuseppe Garibaldi, tentent pour la seconde fois — en vain — de prendre Rome ; année où le Dominion du Canada est constitué par l'Acte de l'Amérique du Nord britannique. Malgré l'arsenal des moyens de défense chimiques dont dispose notre arbre, il n'est guère étonnant qu'au printemps ses aiguilles virent à un orange fort révélateur. La majorité des substances chimiques toxiques pour les pathogènes sont toutefois produites par les plantes à fleurs, les angiospermes, qui firent leur apparition après que les champignons responsables de la carie de la racine et les insectes défoliants eurent fait leur entrée sur la scène de l'évolution. Ainsi, les gymnospermes apparurent les premiers, et furent suivis par des insectes et des champignons se nourrissant des gymnospermes, puis des angiospermes, qui triomphèrent largement des gymnospermes car ils produisaient des composés secondaires servant à attirer ou à faire fuir les insectes et les champignons — ils contrôlaient leurs ennemis plutôt que de rester à leur merci. Une malheureuse coïncidence de plusieurs stress a affaibli le système immunitaire de notre arbre, permettant aux insectes et aux pathogènes fongiques de passer outre les postes de sécurité aux frontières pour gagner le centre. On lui a remis son arrêt de mort. Pas un arbre ne meurt de vieillesse, et pas un arbre ne vit éternellement.

Si l'azote est le facteur principal qui limite la croissance d'un arbre, la mort est une carence en azote prolongée. C'est l'azote que les insectes recherchent, et c'est aussi l'azote que les champignons traitent. Ainsi, lorsqu'un arbre subit l'assaut des insectes, des champignons ou des deux, son premier réflexe est de protéger son azote. Quand une aiguille vire à l'orange, c'est que l'arbre, abandonnant tout effort pour la sauver, récupère l'azote qu'elle contient pour l'envoyer dans une autre partie qui n'est pas menacée. Il s'agit sans contredit d'une action d'arrière-garde, mais les arbres se battent tant qu'il leur reste une cellule vivante.

Arrive donc un certain stade où essayer de sauver les aiguilles est une dépense d'énergie inutile. Les vieilles aiguilles tombent alors que de rares nouvelles apparaissent parcimonieusement. Les larves d'insectes dévorent les bourgeons ; le champignon se répand dans le bois de cœur et gagne la racine. L'une des dernières choses que fait notre arbre avant que le champignon ne bloque ses artères, c'est d'expédier ses produits secondaires restants, son arsenal chimique, par le biais de ses racines jusqu'aux champignons mycorhiziens et, de là, dans les racines des arbres voisins, dont quelques-uns sont sans doute ses rejetons. Dans un geste ultime et poignant, notre arbre, désormais au seuil de la mort, rassemble ce qui lui reste d'armes pour les léguer à la communauté, offrant ainsi à son avenir génétique une meilleure chance de se défendre contre l'envahisseur responsable de sa perte.

La mort fait partie du cycle biologique d'un arbre. Les arbres croissent en transformant leur cambium vivant en bois de cœur mort. De nombreux organismes ont des cycles de mort et de vie semblables ; chez les embryons humains, par exemple, certaines cellules des bourgeons de membres sont programmées pour mourir afin de laisser place à des dentelures qui deviendront les espaces entre les doigts, tandis que les cellules de la queue d'un têtard meurent pour être réabsorbées dans son corps en métamorphose. La stratégie de survie de notre arbre consiste à remplir les pores de son bois de cœur de produits secondaires pour l'empêcher de pourrir, mais cette tactique ne peut être soutenue éternellement : les insectes et les champignons évoluent plus vite que les arbres et mettent au point des moyens de percer ces défenses chimiques. Les membranes cellulaires sont perforées, les systèmes sont drainés, les cercles de croissance rougissent au fur et à mesure qu'ils sont envahis par le champignon et se transforment l'un après l'autre en une couche de pulpe humide. Il n'y a jamais plus de dix pour cent d'un arbre qui est vivant, et ce, même lorsque l'arbre est en parfaite santé. La mort, c'est une diminution graduelle de ce pourcentage.

La vie d'un arbre se poursuit toutefois bien après sa mort. Celle-ci d'ailleurs ne survient pas à un moment précis, comme c'est le cas chez les animaux, quand le dernier souffle est expiré, que le cœur cesse de battre ou que le cerveau manque d'oxygène. Même une fois qu'il a interrompu toute activité métabolique, notre arbre ne tombe pas. Il reste debout sous forme de chicot. Son centre est spongieux par endroits, creux ailleurs, mais il reste une bonne quantité de bois sain en périphérie. Les arbres vivants peuvent demeurer debout tant que dix pour cent de leur diamètre est solide ; un arbre creux d'un diamètre de 3,5 mètres demeurera debout tant que les parois de son tronc ont une épaisseur de quinze centimètres. Les chicots ont besoin de moins de bois sain encore, puisqu'ils sont dépourvus de branches et d'aiguilles à offrir au vent. Dans une tempête, un chicot est semblable à un navire aux voiles ferlées ; ainsi, il offre un abri sûr à nombre d'oiseaux, d'insectes et d'autres animaux. Les grands pics creusent d'énormes trous ovales dans le tronc — on ignore s'ils font ces trous en cherchant des fourmis ou s'ils savent que des trous dans des arbres morts finissent tôt ou tard par attirer celles-ci. Quelques-uns de ces trous sont habités par des sittelles torchepot qui y ont fait leur nid. D'autres servent de porte d'entrée aux écureuils volants, ce qui explique que les moignons qui étaient autrefois des branches servent de perchoirs aux éperviers de Cooper et aux chouettes tachetées du Nord qui y guettent l'apparition de leur prochain repas.

Les chouettes tachetées du Nord (*Strix occidentalis caurina*) sont de taille moyenne : les mâles mesurent environ quarante-huit centimètres, et les femelles, quarante-deux. Elles sont brun chocolat, ont le ventre blanc et portent des taches blanches sur la tête, le cou et les ailes ; leur gorge, leur abdomen et le dessous de leur queue sont striés de brun. On dirait qu'elles ont des cernes sombres autour des yeux, comme si elles souffraient d'un manque de sommeil chronique. Elles ne migrent pas, mais vivent toute l'année dans la forêt surannée, variant leur alimentation selon la saison. On sait qu'elles chassent une trentaine d'espèces de mammifères et vingt-trois espèces d'oiseaux, ainsi que des serpents, des criquets, des coléoptères et des mites. En été, du crépuscule jusqu'à une demi-heure avant l'aube, elles perchent sur des chicots et attrapent au passage des écureuils volants qui glissent vers le sol pour y déterrer des truffes ; l'hiver, elles fondent sur les lapins qui s'aventurent dans la neige et sur de plus petits rongeurs qui fréquentent les branches de l'arbre et les tapis de la canopée. Elles cachent souvent leurs proies dans les creux d'arbres, après les avoir décapitées — la cervelle est une boule de nutriments concentrés.

En plus d'utiliser les chicots comme perchoir et d'y attraper de la nourriture, la chouette tachetée du Nord y fait également son nid, et les fouille à la recherche des proies que leurs creux sont susceptibles d'abriter. Ainsi, les chouettes sont presque totalement dépendantes des forêts de conifères surannées : quatre-vingt-quinze pour cent de leurs sites de nidification se trouvent dans des forêts de plus de deux cents ans, et les cinq pour cent restants, dans des peuplements de deuxième génération adjacents à ces dernières. Leurs territoires, immenses, peuvent atteindre trois mille deux cents hectares par couple dans les forêts plus nordiques, où le gibier est moins abondant. Elles font leur nid dans des creux créés par la foudre ou la chute de branches, ou encore dans les trous creusés par les pics et abandonnés par les écureuils volants ; le cas échéant, les chouettes tuent les écureuils pour ensuite s'approprier leur abri. Elles s'installent aussi dans les nids désertés par les autours, ou bien construisent leur propre nid dans des touffes de faux gui, mais ce ne sont pas de très habiles bâtisseuses.

Les chouettes reviennent chaque année au même nid jusqu'à ce qu'il se désagrège, après quoi elles en cherchent un nouveau. La femelle pond deux ou trois œufs tous les mois d'avril, un à la fois, en attendant trois jours entre chacune des pontes, puis elle se charge de couver et d'élever les poussins pendant que le mâle l'approvisionne en nourriture. Les deux parents protègent le nid contre les grands corbeaux qui pourraient dérober les œufs et les autours susceptibles de s'emparer des oisillons. Les chouettes n'ont pas d'ennemis, hormis les parasites des nids, et on a déjà vu des chouettes emporter des serpents vivants jusqu'à leur nid pour qu'ils y mangent les parasites et dissuadent les corbeaux et les autours de s'y aventurer. Les oisillons apprennent à voler en six semaines ; en octobre, ils sont prêts à se disperser pour trouver leur propre territoire, lequel se situera souvent à quelque deux cents kilomètres du nid des parents. Leur survie dépend donc de la présence de vastes étendues de forêt surannée reliées entre elles. Les chouettes tachetées du Nord chassent rarement dans les zones à découvert ou dans les brûlis, et elles ne fréquentent les jeunes forêts que si leur habitat préféré leur fait défaut. De nombreuses chouettes tachetées meurent de faim au cours de leur premier hiver.

Les chouettes tachetées ont été baptisées et décrites pour la première fois en 1860 par John Xantus de Vesey, immigrant hongrois qui s'était enrôlé dans l'armée américaine en 1850, et qui était stationné au cap San Lucas, dans le sud de la Californie, dans le cadre de l'entreprise d'exploration et de cartographie menée par l'armée dans l'Ouest américain. Affecté à l'observation des marées, de Vesey collectait aussi des spécimens destinés au Smithsonian Institution, qui avait ouvert ses portes en 1856. À cette époque, le territoire de la chouette tachetée s'étendait jusqu'au Mexique. De Vesey trouva l'oiseau étrangement peu farouche ; il pouvait s'approcher d'un individu, rapporta-t-il, sans que celui-ci, effrayé, ne s'envole — caractéristique de mauvais augure, dans la mesure où ce comportement était aussi typique du dodo et du grand pingouin. Au moment où il offrit au monde sa première chouette tachetée, les forces qui devaient chasser l'espèce de la forêt étaient déjà à l'œuvre.

Au milieu des années 70, délogées par la destruction de leur habitat, les chouettes tachetées du Nord avaient quasiment disparu de leurs territoires. Bien que cette destruction

Chouette tachetée tenant un écureuil volant

fût surtout imputable à la coupe des arbres, des causes naturelles y avaient aussi contribué. En 1888, un énorme incendie avait anéanti dix mille hectares de forêt ancienne. L'éruption du mont Saint Helens en 1980 en rasa autant, et un « incendie du siècle » réduisit en cendres quarante mille hectares d'habitat de la chouette tachetée. À ce moment-là, les biologistes de la faune estimèrent que l'espèce ne comptait plus que quelques centaines d'individus (aujourd'hui, il ne reste au Canada que quatorze couples aptes à se reproduire, tous en Colombie-Britannique), et ils pressèrent le Forest Service des États-Unis, qui était essentiellement responsable d'assurer un approvisionnement régulier d'arbres aux marchés du bois, de protéger des zones de forêt ancienne autour de l'habitat de la chouette tachetée. Malgré les protestations de l'industrie forestière, quelques zones furent effectivement épargnées, mais elles n'étaient pas suffisantes, ne représentant que quatre pour cent de la quantité totale de forêt, et moins de la moitié de ce qui est nécessaire à la survie de la chouette.

Les besoins des êtres humains, encore amplifiés par la technologie industrielle, ne sont pas compatibles avec les exigences d'autres espèces. Bien qu'il ne reste pratiquement plus de chouettes tachetées en Colombie-Britannique, on y procède toujours à la coupe dans la forêt ancienne où se sont réfugiés les derniers oiseaux. Selon les projections actuelles, la chouette tachetée du Nord sera éteinte bien avant la fin du XXIe siècle. Et, comme il s'agit d'une espèce indicatrice, une fois que la chouette tachetée ne sera plus, nous saurons que la forêt ancienne qui l'abrite, ainsi que nombre d'autres espèces, aura elle aussi quasiment disparu.

Les géants

Ce fut d'abord un numéro de cirque. En 1854, George Gale, ex-mineur d'or, dépouilla un séquoia géant de son écorce jusqu'à une hauteur de 30 mètres et envoya cette écorce, en morceaux, à P. T. Barnum, qui la fit recoudre et l'exposa dans le cadre de ce qu'il qualifiait de *The Greatest Show on Earth*. Chez les gens de l'Est, on était peu nombreux à croire qu'un arbre aussi immense — il faisait vingt-sept mètres de diamètre à la base — puisse exister dans la nature ; il était en quelque sorte le King Kong du temps. Une exposition similaire, au Crystal Palace, à Londres, où l'on exhibait de l'écorce arrachée à un arbre qui se dresse toujours à North Calaveras Grove, à l'est de San Francisco, était accueillie avec le même scepticisme. Selon l'historien Simon Schama, ces arbres étaient considérés comme des monstruosités, des « merveille[s] botanique[s] », ainsi qu'il l'écrit dans *Paysage et Mémoire*.

En Californie, les arbres suscitaient une attention plus positive. Des groupes de touristes, appelés pèlerins, étaient amenés à Calaveras Grove pour contempler le peuplement des Grands Arbres qui y avait été découvert ; plusieurs avaient été abattus, pas uniquement pour l'importante quantité de bois que chaque arbre offrait — il fallait trois semaines à une équipe de cinq hommes pour en abattre et en débiter un seul —, mais aussi parce que leur cadavre pouvait faire office de parc d'amusement naturel. « En rabotant la longueur d'un tronc, on y évide une allée de bowling à deux couloirs, couverte d'une galerie ; la souche d'un séquoia abattu est convertie en piste de danse pour touristes. » Le 4 juillet 1855, trente-deux personnes dansèrent quatre cotillons sur une seule et unique souche.

Les Grands Arbres devinrent une sorte de monument national, un symbole, écrit Schama, « une image à la mesure de l'ampleur nationale et de la rédemption spirituelle ». Les États-Unis commençaient à acquérir une conscience continentale, le sentiment que le pays ne se déployait pas que d'un océan à l'autre, mais qu'il plongeait aussi dans l'avenir à partir de la nuit des temps. Les arbres reliaient le présent à un passé à peine concevable. Horace Greeley, qui, dans sa jeunesse, avait pris le chemin de l'Ouest et incité d'autres jeunes hommes à faire de même, s'émerveilla de l'âge plus que vénérable des Grands Arbres. Ils dataient, écrivit-il, d'une époque « où David dansait devant l'Arche ; où Thésée régnait sur Athènes ; où Énée s'enfuyait de Troie incendiée ». Même les arbres plus jeunes, notèrent d'autres observateurs, poussaient depuis l'époque de la Bible — en fait, ils étaient contemporains du Christ lui-même. « Quelle incroyable succession de jours voit-on ici ! » écrivit en 1869 le correspondant dans l'Ouest du *Daily Advertiser,* quotidien bostonnais, au sujet d'un arbre : « Son âge est celui de l'ère chrétienne ; peut-être à l'heure où les anges aperçurent à l'orient l'étoile de Bethléem, cette pousse perça l'herbe tendre et émergea dans l'air du Monde Supérieur. »

Ces arbres offraient une telle cure de jouvence au rêve américain qu'Abraham Lincoln, pendant la Guerre civile qui menaçait de réduire ce rêve à néant, signa en 1864 les documents qui faisaient de Yosemite le premier parc national des États-Unis, ceci en grande partie grâce à l'insistance de John Muir, qui qualifiait le peuplement de séquoias de « saint des saints ». L'acte juridique, en épargnant une forêt surannée, soulignait le besoin de soustraire une telle zone à la coupe.

Plus au nord, où notre arbre devenu chicot est toujours debout, l'attrait n'était pas tant religieux qu'économique. Les sapins de Douglas sont moins imposants et plus faciles à abattre que les séquoias géants, et, de surcroît, leur bois est meilleur. En 1847, des tests menés en Angleterre révélèrent que les espars faits de sapin de Douglas étaient supérieurs à ceux faits de pin blanc ou d'épinette de la Baltique, bois qu'utilisait jusque-là la marine britannique. L'amirauté annonça aussitôt qu'elle paierait quarante-cinq livres pour un seul espar de sapin de Douglas long de dix-neuf mètres et de cinquante centimètres de diamètre, et cent livres pour un espar de vingt-deux mètres et demi et d'un diamètre de cinquante-huit centimètres — du coup, le commerce des espars de sapin de Douglas devenait plus lucratif que celui de l'opium.

À la barre de l'*Albion*, le capitaine William Brotchie pénétra dans le détroit de Juan de Fuca, ancra son navire au large de New Dungeness et envoya son équipage abattre des arbres dont les espars avaient une valeur de trois mille livres. Malheureusement, les arbres en question se trouvaient en sol américain, et non pas canadien. Quand le navire et sa cargaison furent saisis par les douaniers américains, Brotchie alla s'établir dans l'île de Vancouver où il engagea des ouvriers autochtones qu'il chargea d'abattre cent sept nouveaux espars. Comme il n'avait plus de navire, il dut toutefois les laisser là où ils avaient été empilés. Brotchie se fit alors engager comme capitaine du port de l'île de Vancouver ; à sa mort, en 1859, nombre d'entrepreneurs avaient pleinement pris conscience de la valeur du bois de sapin de Douglas. Au cours de la décennie suivante, un million et demi de mètres cubes de bois, ainsi que des bardeaux, des lattes, des piquets et trois mille cinq cents espars, furent expédiés de Victoria vers l'Angleterre, l'Australie et l'Amérique latine. Les passagers du premier train du CPR à entrer en gare dans la petite ville forestière florissante de Vancouver, le 23 mai 1887, y trouvèrent les rues décorées de grandes arches de rameaux de conifères, comme s'ils débarquaient au milieu d'une sorte de festival païen, peut-être destiné à apaiser les dieux des arbres. À cette époque, soixante-deux scieries étaient en opération autour de la ville. Le train effectua le voyage de retour vers Montréal, long de cent trente-sept heures, avec, à son bord, une cargaison de bois.

Un seul et même organisme

L'idée voulant qu'une forêt forme « une communauté d'arbres » a été énoncée par le géographe russe Georgy Fedorovich Morozov qui, bien que quasiment inconnu à l'Ouest, est le père spirituel de l'écologie moderne. Morozov naquit en 1867 à Saint-Pétersbourg. Pendant son service militaire, il fut envoyé en Lettonie, où il fit la connaissance d'Olga Zandrok, une jeune révolutionnaire dont il s'éprit et qui l'encouragea à se consacrer aux sciences de l'agriculture afin que son savoir puisse profiter au peuple. Morozov opta pour la foresterie et, à son retour à Saint-Pétersbourg avec Zandrok, s'inscrivit à l'université où il étudia non seulement la foresterie mais aussi la zoologie et l'anatomie, s'intéressant à la relation entre la forme et la fonction d'un organisme. Farouchement darwinien, il en vint à voir dans la nature un complexe réseau d'interrelations et à considérer que l'évolution des espèces végétales dépendait de nombre de facteurs, dont le type de sol, le climat, les insectes, les communautés de plantes et les activités humaines.

Après avoir étudié l'aménagement forestier en Allemagne et en Suisse en 1896, Morozov revint en Russie et fut embauché en tant que professeur de foresterie à l'Université de Saint-Pétersbourg, où il demeura jusqu'en 1917. Grâce à son enseignement et à ses publications, l'aménagement forestier acquit ses lettres de noblesse en tant que sous-discipline tout à fait légitime de la botanique. En 1913, Morozov écrivit dans *The Forest as a Plant Society* : une forêt « est un seul et unique organisme complexe, dont les parties entretiennent des relations régulières et, comme tout autre organisme, elle se caractérise par une certaine stabilité ». Si cette stabilité est altérée ou anéantie par les êtres humains ou par un changement climatique (en 1891, Morozov avait observé les effets catastrophiques d'une importante sécheresse sur la forêt de pins du district de Voronezh), la forêt en pâtit, dans certains cas de manière irréversible — et non seulement la forêt, mais aussi les nombreuses créatures qui forment la communauté forestière, laquelle inclut les êtres humains. Morozov considérait qu'« une forêt n'est pas simplement une accumulation d'arbres, mais est elle-même une société, une communauté d'arbres qui s'influencent mutuellement, donnant ainsi naissance à toute une série de nouveaux phénomènes qui ne sont pas des propriétés des arbres seuls ». Les plantes s'adaptent non seulement à de nouveaux climats et à des conditions de sol, expliqua-t-il, mais les unes aux autres, ainsi qu'aux animaux, aux insectes, aux oiseaux et aux bactéries qui les entourent. La forêt est semblable à un château de cartes compliqué, à l'équilibre délicat, dont aucune composante ne peut être retirée sans entraîner l'effondrement de la structure entière.

En 1918, Morozov, atteint d'un grave désordre nerveux (peut-être faut-il plutôt voir là un euphémisme par lequel on désignait son enthousiasme plutôt tiède à l'endroit de la révolution d'Octobre de 1917), fut forcé de démissionner de son poste et de déménager en Crimée, où le climat était plus clément. Il y fut témoin de la destruction rapide et absurde de la forêt russe et mourut deux ans plus tard, à l'âge de cinquante-trois ans.

Comme le montre l'ardeur du débat entourant les mesures à adopter pour protéger la chouette tachetée, le message de Morozov — voulant que nous ne puissions extraire un organisme de la communauté de la forêt sans affecter tous les autres membres, y compris les êtres humains — ne s'était pas rendu aux oreilles des barons du bois de la côte Ouest. Le sapin de Douglas est aujourd'hui la première essence de bois de construction en Amérique du Nord; des milliards de pieds-planches sont abattus et expédiés chaque année. La chouette tachetée n'est que l'une des nombreuses espèces affectées par la coupe. En tant qu'aménagiste des forêts, Morozov saisissait bien les conséquences de certains cercles vicieux : un scénario veut que l'abattage d'arbres anciens entraîne la disparition de la chouette tachetée, qui amènerait une augmentation de la population d'écureuils volants, qui serait quant à elle susceptible de provoquer une disette de la nourriture principale des écureuils — la truffe —, qui résulterait à son tour en une diminution de la quantité de champignons mycorhiziens disponibles pour les nouveaux arbres, ce qui affecterait la santé et la viabilité économique de la forêt entière. C'est ainsi que la chouette tachetée est le symbole de la santé de la forêt; ce qui menace la chouette menace le système dans son entier. Lors d'une des premières audiences organisées par la Washington Wildlife Commission pour déterminer s'il convenait ou non de déclarer que la chouette tachetée était une espèce menacée, un membre de la National Rifle Association déclara que « ce n'est pas un problème qui touche la chouette tachetée, c'est un problème qui touche la forêt ancienne ». Il n'avait raison qu'à demi, dans la mesure où l'écologie forestière n'est jamais faite de ceci *ou* de cela : c'est un problème qui touche la chouette tachetée *et* la forêt ancienne. C'est aussi un problème qui touche les êtres humains. Et la planète entière.

Comme l'a observé le biologiste E. O. Wilson, « la disparition de forêts au cours des cinquante dernières années constitue l'un des changements environnementaux les plus profonds de l'histoire de la planète ». C'est une disparition qui date du moment où les êtres humains ont inventé les outils de pierre. Il y a deux mille ans, la presque totalité des continents étaient couverts d'arbres. Les légions romaines rasèrent les forêts du sud de la France pour empêcher leurs ennemis celtiques de s'y cacher et de leur tendre des embuscades. En 1750, seulement trente-sept pour cent du territoire français était encore boisé ; vingt-cinq millions d'hectares de forêt avaient été détruits en neuf décennies. En 1860, la perte atteignait trente-trois millions d'hectares et augmentait au rythme de quarante-deux mille hectares par an. La Grande-Bretagne est encore plus dénudée. À l'époque où David Douglas errait, bouche bée, dans la forêt de sapins de Douglas, cinq pour cent seulement du territoire des îles Britanniques était encore recouvert de forêts, ce qui représentait quarante mètres carrés de forêt par habitant. En matière d'énergie, la seule chose qui sauvait l'Angleterre, c'était les immenses réserves de charbon dont elle disposait, réserves qui étaient elles-mêmes les vestiges d'anciennes forêts de fougères. À la même époque, la Norvège était quant à elle couverte de forêts à soixante-six pour cent, ce qui représentait une moyenne de dix hectares par habitant. Comme la Crimée, l'Angleterre avait abattu tous ses arbres, et ce furent des plantations de semis de sapins de Douglas importés d'Amérique du Nord qui ranimèrent l'industrie forestière anglaise.

Depuis, l'abattage s'est poursuivi à l'échelle de la planète et s'est accru de manière exponentielle au cours des dernières décennies. Selon les Nations unies, depuis 1980 (moment où l'on sonna l'alarme au sujet de la chouette tachetée), les forêts du monde rétrécissent d'un pour cent par année. La forêt tempérée de sapins de Douglas de l'ouest de l'Amérique du Nord ne représente plus que vingt pour cent de ce qu'elle était avant l'arrivée des Européens, et la plus grande partie de ce qui en reste consiste en « poches » anciennes que Wilson appelait des « îlots d'habitat ». Ces îlots ne sont plus reliés par des corridors fauniques et, ainsi que le laisse deviner la situation de la chouette tachetée, la biodiversité décline déjà à l'intérieur de ces îlots — que l'on se propose aussi d'abattre. Wilson notait qu'un écosystème peut supporter la disparition de quatre-vingt-dix pour cent de son territoire, tout en continuant d'assurer la survie de la moitié de la biodiversité qu'il abrite — aux yeux d'un observateur néophyte (ou partial), tout semble aller pour le mieux. La destruction de plus de quatre-vingt-dix pour cent du territoire, cependant, « peut anéantir d'un seul coup la moitié qui subsistait ». Ce seuil critique est aisément franchi. « Dans un scénario catastrophe, écrit Wilson, des bataillons de bûcherons armés de bulldozers et de scies mécaniques pourraient effacer ces habitats de la face de la Terre en quelques mois. »

Pour être juste envers les compagnies forestières, il faut toutefois mentionner qu'une forêt ancienne de sapins de Douglas est de toute manière condamnée. Ce n'est pas une forêt achevée, mais une communauté en transition. À un moment donné, tous les sapins de Douglas de la forêt des hautes terres seront devenus trop imposants pour se soutenir, ou bien ils seront tués par des insectes ou des champignons, et ils cèderont alors la place aux pruches de l'Ouest et aux thuyas géants qui attendent patiemment dans le sous-bois de les supplanter pour s'épanouir en une forêt-climax. Dans cette optique, l'on peut se demander à quoi bon empêcher les bûcherons de contribuer tout bonnement à ce processus naturel, en abattant les grands arbres pendant qu'ils valent encore quelque chose. Toujours selon ce raisonnement, les vieux arbres seraient remplacés par des semis de sapins de Douglas nouveaux et améliorés, génétiquement modifiés de manière que leur lignine soit moins capricieuse, leur croissance, plus rapide, et qu'ils résistent mieux à une multitude d'insectes et de maladies. Du moins, c'est ainsi que les biotechnologues et l'industrie forestière présentent la situation.

Dans un environnement naturel, quand une chouette tachetée perd son territoire au profit d'une forêt-climax de pruches et de cèdres rouges, elle peut partir s'installer dans une autre forêt ancienne de sapins de Douglas, non loin. Si tous les arbres entourant l'îlot qu'est devenu son habitat ont été abattus, toutefois, elle n'a plus nulle part où aller. Une plantation de grands arbres ne constitue pas une forêt ancienne. Une forêt-climax naturelle comprend des arbres de tous les âges, des jeunes pousses aux chicots ; la litière qui couvre son sol est faite de branches cassées, d'arbres déracinés et d'une couche de feuilles ; elle supporte des populations de saumons et tous leurs prédateurs. Un projet de reforestation, c'est une ferme de monoculture : c'est tout juste le contraire de la biodiversité. Comme le concédait une étude menée en 1984 par la Society of American Foresters, « rien ne prouve qu'on puisse reproduire des conditions de forêt ancienne par la sylviculture. En fait, la question est purement théorique puisqu'il faudrait au bas mot deux cents ans pour y répondre. » La chouette tachetée ne peut attendre deux cents ans.

Le marcheur fantôme

Le chicot est devenu le lieu de prédilection où vient se reposer un couguar. C'est un mâle plus très jeune ; après avoir passé la majeure partie de la journée à somnoler à la base de l'arbre mort, il va chasser à la fin de l'après-midi et descend au ruisseau pour y boire tranquillement le soir venu. À cause de la nature même de la forêt surannée, les grands mammifères prédateurs se font plutôt rares dans les alentours. Les ours noirs et les grizzlys sont peu nombreux, et éloignés les uns des autres ; un grizzly mâle adulte règne sur un territoire de plus de mille cinq cents kilomètres carrés. Comme ils dépendaient autant de la mer que de la terre, les premiers colons — comme les Salish qui les avaient précédés — restaient près de la côte, entre mer et terre. Là où les colonies s'étaient étendues, toutefois, et où femmes et enfants étaient venus rejoindre les hommes, des couguars commencèrent à descendre des montagnes pour s'emparer des chiens et des chats domestiques des familles des colons. Tout à coup, ce puissant prédateur, tel le monstre de Beowulf, que peu de gens avaient jamais vu, était devenu un visiteur quotidien.

Les couguars *(Felis concolor)* sont de grands félins ; les mâles peuvent mesurer jusqu'à 2,7 mètres de long, de la tête au bout de la queue. Le poids moyen d'un mâle adulte est de 80 kilogrammes, bien que Theodore Roosevelt en ait déjà abattu un de 100 kilos et que le plus gros spécimen jamais observé, tué en Arizona en 1917, ait pesé 125 kilos. Les couguars sont des animaux nocturnes, ils n'hibernent pas et, dans la forêt, chassent depuis les arbres. Aussi connus sous les noms de lions des montagnes, pumas (mot inca), panthères (dans le Sud), *painters* et *catamounts* (dans l'Est), les couguars attendent sur les branches les plus basses et fondent sur ce qui passe en dessous, qu'il s'agisse d'un renne, d'un cerf ou d'un humain, puis ils plongent leurs canines dans le cou de leur

Couguar et arbre déraciné

victime entre la quatrième et la cinquième vertèbre cervicale, la tuant ainsi instantanément. Quand ils chassent à découvert, ils suivent leur proie pendant quelque temps avant de s'élancer sur elle d'un mouvement à la fois bref et puissant et de la frapper de leur épaule en la projetant au sol. Les cris aigus qu'ils poussent la nuit pendant la saison de la reproduction — qui peut avoir lieu à n'importe quel moment de l'année — ressemblent à ceux que lancerait une femme ayant bu un poison à l'action lente et fatale. Ces cris emplissent la forêt dont ils animent les ténèbres de terreurs inimaginables. Le Canadien R. D. Lawrence, auteur naturaliste qui a déjà gagné sa vie en chassant le couguar, appelle l'animal le « marcheur fantôme ». Il le décrit comme un prédateur hautement évolué, « en général silencieux et prudent, mais exceptionnellement bruyant quand il est amené à pousser ses effrayants cris d'amour ou de rage ». Tandis qu'il avance à pas feutrés dans la forêt, « il fait à peine un son, il est souple et gracieux et peut-être plus alerte que tout autre prédateur nord-américain ».

La femelle accouche de trois ou quatre chatons, habituellement au printemps, mais quelquefois aussi tard qu'au mois d'août ; deux d'entre eux survivront jusqu'à l'âge adulte et resteront avec elle pendant deux années complètes, au cours desquelles ils apprendront à chasser. Ils ne se reproduisent pas avant leur troisième année ; le mâle et la femelle voyagent alors ensemble pendant environ une semaine, jusqu'à ce qu'ils se soient accouplés, puis ils se séparent pour établir chacun son propre territoire, qui peut atteindre jusqu'à huit cents kilomètres carrés et dont la taille et l'emplacement varient d'une saison à l'autre selon la disponibilité du gibier. Comme un couguar adulte tue chaque année jusqu'à soixante ongulés de la taille d'un renne, il a besoin d'un troupeau de quelque sept cents proies, ce qui explique que les territoires des couguars soient si vastes. (L'écologiste Tom Reimchen observe que, dans la nature, un prédateur ne prélève jamais plus de six pour cent de l'espèce de ses proies ; les êtres humains, quant à eux, estiment qu'il est possible de « gérer » des espèces sauvages telles que le saumon, le cerf ou le canard en en prélevant quatre-vingts ou quatre-vingt-dix pour cent tout en préservant leurs nombres.) Si le gibier est abondant, comme c'est encore le cas près de notre arbre, le félin tuera souvent et ne mangera que le foie, les reins et les entrailles de sa proie ; dans certains cas, il se contentera même de faire une petite incision dans la jugulaire de l'animal pour boire son sang.

La vie dans la mort

Notre arbre reste debout, chicot, pendant soixante-deux ans, et sert successivement d'abris à une multitude de créatures en plus du couguar : des pics, un petit-duc nain, des écureuils volants, des tamias, des oreillards maculés, des mésanges et des sittelles torchepot. Avec le temps, les champignons continuent inexorablement de se répandre à la grandeur de l'arbre et affaiblissent l'emprise de la racine sur la tige morte ; l'attache de l'arbre au sol n'est dès lors plus tant affaire d'ancrage que de simple équilibre. À l'automne 1929, une tempête venant de la côte — devenue populeuse à cette époque-là — balance le chicot d'avant en arrière, comme une langue jouant avec une dent branlante, tandis que des bourrasques mouillées se lèvent de la falaise pour venir ricocher parmi les arbres vivants. Dépourvu d'écorce, le chicot absorbe l'eau, surtout du côté où souffle le vent, et, après un moment, un grincement sourd monte de la base, où le sol graveleux attaché aux racines plus profondes s'arrache de la terre immobile. La plupart des locataires de l'arbre ont quitté leur nid malgré la pluie pour partir à la recherche d'un nouvel abri dans des chicots plus sains. Après avoir oscillé de la sorte pendant plusieurs nuits, le chicot n'arrive plus à reprendre son équilibre, il tombe dans le vent, vient s'écraser contre ses voisins dont les branches obliques, inclinées vers le bas, l'éloignent de leur tronc ; à trente mètres du sol, les branches lui laissent le champ libre, alors le lourd chicot poursuit sa chute que plus rien n'arrête, jusqu'à un coussin bas fait de jeunes pruches, dont plusieurs s'affaissent dans son sillage. Personne ne l'entend tomber.

L'une de ses branches se détache et tombe dans le ruisseau non loin ; elle bascule et tourbillonne en suivant le courant jusqu'à l'endroit où le cours d'eau trace un coude, et y est faite prisonnière de la rive. Là, partiellement enterrée dans le limon, elle procurera un abri aux truites en même temps qu'une nourriture à une variété d'insectes. D'autres branches s'éparpillent autour, cédant au sol leur lichen riche en azote.

Comme l'arbre était un chicot, sa chute n'a pas laissé de

trou dans le couvert forestier ; le tronc couché dans une ombre profonde est bientôt recouvert de mousses et de champignons, ce qui attire l'attention de deux termites à cou étroit (*Zootermopsis angusticollis*). Une femelle ailée se pose près de l'amas formé par le chablis et les branches tombées, bientôt suivie d'un mâle, lui aussi ailé. Les deux termites sont d'un brun pâle, presque translucide, d'une longueur d'environ dix millimètres, avec des ailes d'un brun plus foncé et lourdement veinées qui les ont portées depuis leurs colonies natales respectives situées dans un autre secteur de la forêt. Quand ils se posent, leurs ailes tombent et, ensemble, les termites creusent une chambre peu profonde dans le côté du chablis, y entrent, scellent l'entrée de l'intérieur et s'accouplent.

Deux semaines plus tard, la femelle dépose dans la chambre douze œufs de forme oblongue, ce qui est bien peu comparé aux trente mille œufs que pondent chaque jour certains termites africains, mais tout de même suffisant pour fonder une colonie. Les termites à naître appartiendront à deux castes, les reproductrices et les soldats, et ils effectueront tout le travail de la colonie, qui consiste essentiellement à aménager un complexe système de tunnels dans le chablis et à rapporter de la nourriture au roi et à la reine. Le printemps suivant, les reproductrices déposeront des œufs dans des zones éloignées de la colonie, la reine pondra de nouveau une douzaine d'œufs et le processus se répétera jusqu'à ce que la colonie compte quatre mille individus. Ainsi, les membres d'une colonie sont tous parents, et la colonie entière est subdivisée en groupes familiaux plus restreints. Les soldats empêchent les fourmis charpentières et les autres termites d'envahir les galeries de la colonie, utilisant pour ce faire leur énorme tête et leurs puissantes mandibules, munies de dents, à l'aide desquelles ils bloquent les passages et coupent les intrus en deux en leur tranchant la taille.

Les termites sont des détritivores sociaux : ils réduisent la quantité de bois en putréfaction sur le sol de la forêt en accélérant sa décomposition, ajoutant ainsi rapidement des nutriments au sol. Les termites avalent la fibre de bois mais ne peuvent la digérer ; ils portent dans leurs intestins une population de micro-organismes qui décomposent la cellulose et engendrent des sous-produits, dont les termites absorbent quelques-uns et libèrent les autres (du méthane, par exemple). Quand ils muent, abandonnant leur exosquelette rigide devenu trop petit, ils changent non seulement de peau mais aussi d'intestins ; ils doivent donc manger les matières fécales des autres membres de la colonie afin de refaire leurs réserves de bactéries. Ils se lavent l'un l'autre à l'aide de leur langue et, ce faisant, ingèrent les spores de champignons qui vivent aussi dans leurs intestins et contribuent à nourrir leurs symbiotes bactériens. Sous les tropiques, où les termites forment de vastes colonies pouvant compter jusqu'à dix mille individus par mètre carré, ils constituent l'organisme dominant sur le sol ; leur biomasse est supérieure à celle de tous les vertébrés du même secteur. Les oryctéropes le savent bien, et s'en délectent. Dans le nord-ouest du Pacifique, les termites ne sont pas

Tronc nourrice

aussi dominants, mais ils n'en revêtent pas moins une importance certaine. Jusqu'à un tiers du bois qui compose la litière est transformé en sol grâce à l'action des termites. Leurs complexes galeries jouent un rôle aussi crucial, puisqu'elles servent de passages pour les spores des champignons et les racines des plantes colonisatrices qui viennent profiter du bois ramolli du chablis en décomposition.

Sept cent ans après qu'il fut apparu sous la forme d'un jeune semis, notre arbre est couché sur la couverture morte humide, géant terrassé maintenant plongé dans l'ombre de ceux qui étaient jadis ses rivaux de sous-étage. Il pourrit. Dans la nature, la mort et la putréfaction sont porteuses d'une nouvelle vie. Le bois de l'arbre a été envahi par les termites de bois humide et les fourmis charpentières, par les mites et les collemboles, par les champignons et les bactéries contribuant à la décomposition. Son armure de bois est pleine de trous. Il reçoit très peu de lumière. Il est, essentiellement, un dépôt de sol compostant lentement qui formera par terre une bosse discernable pendant des centaines d'années. Le contour de sa carcasse d'arbre, enveloppé d'une épaisse couche de mousse et de fougères, demeure visible sur le sol comme un corps sous une couverture. Par un mois de septembre, une légère pluie de graines ailées tombera sur lui. Quelques-unes viendront des sapins de Douglas qui s'élèvent toujours là-haut, mais la plupart seront des graines de pruches de l'Ouest. Les graines de sapins de Douglas ne prendront pas racine sur notre tronc, car elles ont besoin de soleil et préfèrent des sols minéraux, comme les lits de gravier que notre arbre avait originellement colonisés après que le feu du siècle eut nettoyé le sous-étage. Mais les graines de pruche prolifèrent dans un sol riche, ombragé, organique, et c'est tout juste ce que l'intérieur de notre arbre sera devenu. Au printemps, les jeunes racines filandreuses des pruches se fraieront un chemin dans les trous aménagés par les termites et les fourmis dans le tronc de notre arbre ; elles y rencontreront les champignons mycorhiziens transportés sur le dos des termites, elles pousseront et prospéreront. Notre chablis sera devenu une nourrice pour les espèces qui étaient jadis ses rivales. Les racines exposées des nouveaux arbres chevaucheront leur nourrice pour s'enfoncer dans la terre. Quand notre arbre se dissoudra finalement pour devenir terreau, les pruches de l'Ouest formeront dans la forêt une longue rangée, presque parfaitement droite, chacune perchée sur un monticule formé par ses propres racines et les vestiges de notre arbre. Sur ces petites buttes couvertes de détritus, de feuilles d'érables circinés et de déjections des écureuils de Douglas, s'épanouiront des polystics épées abritant des salamandres à l'affût de collemboles.

Deux êtres humains qui marchent dans la forêt épaisse apercevront la ligne droite que dessinent les pruches, et l'un d'eux fera remarquer qu'il devait y avoir jadis là un tronc nourrice. Ils ne sauront pas que ce tronc nourrice était autrefois un sapin de Douglas immense, né l'année ou Édouard Iᵉʳ devint roi d'Angleterre, mort l'année du grand krach de Wall

Street, mais ils éprouveront quand même le sentiment singulier de ne faire qu'un avec la Terre. Ce sentiment les suivra jusque chez eux, et les nourrira.

Remerciements

Un livre, c'est un peu comme un arbre dans une forêt : tous deux sont entourés d'un grand nombre de leurs semblables en relation avec lesquels — et grâce auxquels — ils existent. Merci aux nombreux biologistes et chercheurs qui ont étudié le sapin de Douglas et mis en lumière ses fascinantes particularités. Merci également à Rob Sanders, chez Greystone Books, qui nous a talonnés avec enthousiasme — et sans pitié ! — pour que nous achevions le manuscrit.

Notre profonde gratitude à Nancy Flight, qui a lu le texte original avec sa perspicacité habituelle et formulé des remarques éclairées, et à Naomi Pauls, dont le talent de réviseure nous a évité bien des erreurs. Nous remercions également Alex Gabriel, qui a fait un travail remarquable dans la collecte du matériel de recherche pour cet ouvrage. C'est un honneur que d'accueillir les merveilleux dessins de Robert Bateman dans notre livre.

Les amis qui ont contribué, de diverses manières, à la préparation de cet ouvrage incluent Karen Landman, Chris Pollock, Larry Scanlan, Genni Gunn, Frank Hook, Elois Yaxley et Faisel Moola.

Références choisies

Allen, George S. et John N. Owens, *The Life History of Douglas Fir*, Ottawa, Environment Canada Forestry Service, 1972.

Altman, Nathaniel, *Sacred Trees*, San Francisco, Sierra Club Books, 1994.

Aubry, Keith B. *et al.* (dir.), *Wildlife and Vegetation of Unmanaged Douglas-Fir Forests*, Portland, United States Department of Agriculture, Forest Service, 1991.

Bonnicksen, Thomas M., *America's Ancient Forests : From the Ice Age to the Age of Discovery*, New York, John Wiley and Sons, 2000.

Brood, Irwin M., Sylvia Duran Sharnoff et Stephen Sharnoff, *Lichens of North America*, New Haven, CT, Yale University Press, 2001.

Clark, Lewis J., *Wild Flowers of the Pacific Northwest*, Madeira Park, C.-B., Harbour Publishing, 1998.

Drengson, Alan Rike et Duncan MacDonald Taylor (dir.), *Ecoforestry : The Art and Science of Sustainable Forest Use*, Gabriola Island, C.-B., New Society Publishers, 1997.

Ervin, Keith, *Fragile Majesty : The Battle for North America's Last Great Forest*, Seattle, Mountaineers, 1989.

Forsyth, Adrian, *A Natural History of Sex : The Ecology and Evolution of Sexual Behavior*, New York, Charles Scribner's Sons, 1986.

Fowles, John et Frank Horvat, *L'Arbre*, traduction de François Rosso, Paris, Éditions des Deux Terres, 2003.

Heinrich, Bernd, *The Trees in My Forest*, New York, Harper-Collins Publishers, 1997.

Hölldobler, Bert et Edward O. Wilson, *Journey to the Ants : A Story of Scientific Exploration*, Cambridge, Massachusetts, Belknap Press of Harvard University, 1994.

Huxley, Anthony, *Plant and Planet*, Londres, Allen Lane, 1974 ; nouvelle édition augmentée : Harmondsworth, Penguin Books, 1987.

Kendrick, Bryce, *The Fifth Kingdom*, 3e édition, Newburyport, Massachusetts, Focus Publishing, 2001.

Lawrence, R. D., *A Shriek in the Forest Night : Wilderness Encounters*, Toronto, Stoddart Publishing Co. 1996.

Luoma, John R., *The Hidden Forest : The Biography of an Ecosystem*, New York, Henry Holt and Company, 1999.

Marsh, George Perkins, *Man and Nature : Or, Physical Geography as Modified by Human Action*, Cambridge, Massachusetts, Harvard University Press, 1864.

Maser, Chris, *Forest Primeval : The Natural History of an Ancient Forest*, Toronto, Stoddart Publishing Co., 1989.

——, *The Redesigned Forest*, Toronto, Stoddart Publishing Co., 1990.

Muir, John, *Wilderness Essays*, Salt Lake City, Peregrine Smith Books, 1980.

Pakenham, Thomas, *Meeting with Remarkable Trees*, Londres, Weidenfeld and Nicolson, 1996.

Platt, Rutherford, *The Great American Forest*, Englewood Cliffs, New Jersey, Prentice-Hall, 1965.

Savage, Candace, *Bird Brains : The Intelligence of Crows, Ravens, Magpies and Jays*, Vancouver, Greystone Books, 1995.

Schama Simon, *Le Paysage et la Mémoire*, traduction de Josée Kamoun, Paris, Éditions du Seuil, 1999.

Taylor, Thomas M. C., *Pacific Northwest Ferns and Their Allies*, Toronto, University of Toronto Press, 1970.

Thomas, Peter, *Trees : Their Natural History*, Cambridge, Cambridge University Press, 2000.

Wilson, Brayton F., *The Growing Tree*, Amherst, University of Massachusetts Press, 1971, 1984.

Wilson, Edward O., *Biophilia : The Human Bond with Other Species*, Cambridge, Massachusetts, Harvard University Press, 1984.

—, *L'Unicité du savoir : de la biologie à l'art, une même connaissance*, traduction de Constant Winter, Paris, Laffont, 2000.

—, *L'Avenir de la vie*, traduction de Christian Jeanmougin, Paris, Éditions du Seuil, 2003.

Woods, S. E. Jr, *The Squirrels of Canada*, Ottawa, National Museum of Sciences, 1980.

Table des matières

Ce livre a été imprimé sur du papier 100 % recyclé.

MISE EN PAGES ET TYPOGRAPHIE :
LES ÉDITIONS DU BORÉAL

CE TROISIÈME TIRAGE A ÉTÉ ACHEVÉ D'IMPRIMER EN FÉVRIER 2006
SUR LES PRESSES DE L'IMPRIMERIE MÉTROLITHO
À SHERBROOKE (QUÉBEC).